国际关系学院中央高校基本科研业务费专项资金资助

项目编号：3262021T05

中华优秀传统文化与高校青年教育管理研究

苗青

——

著

新华出版社

图书在版编目（CIP）数据

中华优秀传统文化与高校青年教育管理研究 / 苗青
著 . —北京：新华出版社，2021.8
ISBN 978-7-5166-5979-3

Ⅰ . ①中… Ⅱ . ①苗… Ⅲ . ①中华文化—教育管理—
研究—高等学校 Ⅳ . ① K203

中国版本图书馆 CIP 数据核字（2021）第 149455 号

中华优秀传统文化与高校青年教育管理研究

作　　者：苗　青

责任编辑：徐文贤　　许兼畅
封面设计：武　艺

出版发行：新华出版社
地　　址：北京石景山区京原路 8 号　　邮　　编：100040
网　　址：http://www.xinhuapub.com
经　　销：新华书店
购书热线：010-63077122　　中国新闻书店购书热线：010-63072012

照　　排：北京人文在线文化艺术有限公司
印　　刷：廊坊市海涛印刷有限公司
成品尺寸：170mm×240mm　1/16
印　　张：10　　　　　　　　字　　数：134 千字
版　　次：2022 年 1 月第一版　　印　　次：2022 年 1 月河北第一次印刷
书　　号：ISBN 978-7-5166-5979-3
定　　价：45.00 元

前　言

　　中华优秀传统文化是中华民族的精神基因和民族历史的结晶，在当今时代，它包含着推进文化素质教育的精髓，值得我们传承。同时，优秀传统文化对今天人们的生活方式、价值观念，及中国发展道路具有深刻影响。当代青年学生是中国国家建设至关重要的力量，二十一世纪的中国想要屹立于世界民族之林，获得长足稳健的发展，必须培养好青年一代。值得我们关注的是如何处理好中华优秀传统文化与高校青年教育管理之间的关系，如何在传承中华优秀传统文化的基础上，将其与高校青年学生文化自信、社会主义核心价值观、素质教育恰当地融合在一起。

　　本书共分五章。第一章从本选题的选题背景、研究对象、学术价值、国内研究综述、创新之处等来进行阐述。第二章探讨了文化、传统文化的内涵，以及中华优秀传统文化的概念和价值。同时，详细论证和阐释了文化、传统文化、中华优秀传统文化三者之间的关系，以及传统文化与大学生心智结构的关系，对此进行多维度的研究与探索。第三章至第五章分别对高校青年学生文化自信、青年学生社会主义核心价值观、高校学生素质教育三个方面进行论述，指出中华优秀传统文化对以上三者的积极影响，以及对高校教育管理的影响。与此同时，书中也探讨了总体实践路径与方式方法。

　　中华优秀传统文化与高校教育管理工作的结合需要较长的时间来不断完善和发展，我们需要长期坚持下去，为这个目标不懈努力。本书在写作过程中借鉴了很多专家学者的论述，在此表示感谢。由于作者水平有限，本书在内容上还有不足之处，恳请各位读者和专家不吝指教。

苗青

2020 年 3 月 28 日

目　录
CONTENTS

第一章

绪 论

第一节　背景介绍

全社会共同认可的核心价值观是一个国家、民族最深刻、最持久的精神力量。培育社会主义核心价值观必须根植于中华优秀传统文化的肥沃土壤，从中汲取有益营养，以史为鉴、古为今用。可以说，中华优秀传统文化是我们的精神之魂。

我国进入新时代，一方面，霸权主义与强权政治仍然存在；另一方面，中国作为世界第二大经济体，正逐步走向世界舞台的中央，但少数人缺乏对优秀传统文化的正确认知，认为国外一切都好，影响了我们的精神文明建设。

党的十八大提出的"三个倡导"事关社会主义意识形态的巩固与发展，以及软实力的提升，事关中华民族伟大复兴的实现。党的十八大以来，习近平总书记在多个场合多次阐述"三个倡导"与弘扬中华优秀传统文化、开展中国历史教育的关系。

当代青年处于世界观、人生观、价值观的成型时期，容易受到多元文化的影响，很容易出现认知偏差，倘若对本国文化理解不深，更容易被西方文化带偏。

认真学习优秀传统文化，充满文化自信心和自豪感非常必要。对于高校来说，新时代青年学生更应该认真学习、理解优秀传统文化精神，响应总书记的号召，将理论知识转化为实际行动，勇敢迎接新时代的挑战，民族复兴的有生力量需要有国家归属感和民族自豪感。

第二节　研究综述

根据中国知网显示，在中国知网"主题"检索"大学生文化自信"共有 1266 篇论文。在中国知网"主题"检索"大学生文化自信 + 中华优秀传统文化"共有 126 篇论文，"主题"检索"中华优秀传统文化 + 大学生"共有 411 篇论文，"主题"检索"大学生 + 传统文化"共有 2647 篇论文。总体来看，围绕"中华优秀传统文化与培养大学生文化自信"这一主题，理论诠释居多，实践探索较少。学者们主要围绕中华优秀传统文化与大学生文化自信的"关系"问题展开讨论。

其中，《基于中华优秀传统文化对大学生文化自信培养路径的探索》的作者江志彬指出，中华优秀传统文化是新时代中国发展的内动力，具有深刻的内涵，大学需要对学生进行多层次、全方位的教育模式构建，探索具体实践路径，为实现伟大的梦想增加青年力量[①]。论文《大学生中华优秀传统文化自信培育路径思考》的作者孙成聪指出，大学生需要多参加活动，比如参加诗词大赛、参观博物馆等，通过参与丰富多彩的活动加深对于传

---

① 江志彬等.基于中华优秀传统文化对大学生文化自信培养路径的探索［J］.教育教学论坛，2020（8）：156-157.

统文化的理解，提升自己的综合人文素养。研究传统文化在当今时代的魅力和价值[①]。李国健等在《基于优秀传统文化的大学生文化自信培育》一文中提到，如何更好地利用优秀传统文化帮助大学生自觉抵抗错误的意识形态，增强自信心，成为当前需要研究的问题。大学需要不断完善和拓展优秀传统文化教育来提升学生的文化素养，教师必须坚持基本价值观念，加强理想信念教育，大学生需要立足现在，对传统文化进行传承、创新、发展。文化自信的培育必须要与优秀传统文化相结合，借此提升思想政治理论课的宽度、广度[②]。韩锋在《中国传统文化对大学生文化自信的影响》中提到，当前教育培养大学生文化自信存在的问题有：第一，大学生对中国传统文化缺乏学习和传承的自觉性；第二，当代大学生缺乏文化危机意识；第三，高校缺乏中国传统文化的学习和传承氛围。只有将传统文化融入校园文化建设之中，开展丰富多彩的活动，才能有助于大学生文化自觉性的培育[③]。

在《用中华优秀传统文化增强新时代大学生文化自信》一文中，林伟健、杨博指出，培养青年一代的文化自信需要传承中华优秀传统文化。认识传统文化的当代价值需要营造文化自信的环境，拓展实践渠道，同时不断培育大学生的文化素养和文化传承意识[④]。王永友在《大学生文化自信培育的目标定位与根本内容》一文中指出文化自信培养是培养时代新人的保证，培育文化自信关键在于帮助大学生对文化和价值形成稳定、深沉、持

---

① 孙成聪等. 大学生中华优秀传统文化自信培育路径思考［J］.学理论，2020（1）：123-125.

② 李国健. 基于优秀传统文化的大学生文化自信培育［J］.教育评论，2019（11）：88-93.

③ 韩锋. 中国传统文化对大学生文化自信的影响［J］.文化学刊，2019（10）：159-161.

④ 林伟健. 用中华优秀传统文化增强新时代大学生文化自信［J］.文化创新比较研究，2019（3）：24-25.

久的情感认同。文化自信培育的行为实践目标是培育大学生在文化实践过程中对文化及其价值的体验感和感悟力，进而纠正和培养学生对文化的判断力[1]。在《高校涵育大学生传统文化自信的逻辑与路径》一文中，叶海提道，涵育大学生文化自信需要贴近大学生群体的客观实际，不断增进涵育工作的针对性和时效性。具体方法包括：首先，通过课内教学来帮助学生认知中华优秀传统文化。其次，激发学生对中华优秀传统文化的热爱。再次，在具体社会活动中引导学生自觉发扬中华优秀传统文化[2]。曾云在《大学生文化自信的培育》一文中指出，当前大学生的文化自信是一个立体、多面、复杂的系统，从理论上说，当代大学生的文化自信必须以文化自觉为基础；从实践方面说，文化自信首先得形成文化认同，然后在此基础上进行传承、交流和创新。文化自信的培育来源于家庭、学校、社会、个人[3]。在《增强民族地区大学生文化自信略论——以广西高校为例》一文中，李玉玲结合少数民族地区的特点、多元文化影响等指出少数民族大学生文化自信面临的挑战，提出一系列应对方法，比如，在学习中国特色社会主义文化的基础上充分发挥政治理论课教学的积极作用，增加文化通识教育，带领学生发掘学科的文化内涵。在如何培养少数民族学生文化自信方面，作者指出，少数民族地区高校关于中华优秀传统文化的相关教育比较薄弱，在师资队伍和课程开设方面比较局限。发挥本民族优秀文化资源与优秀传统文化的作用，努力提高少数民族大学生文化自信教育的亲和力和实效性。对中华文化充满信任和认可建立在对文化的肯定和认

① 王永友.大学生文化自信培育的目标定位与根本内容［J］.高校辅导员，2019（3）：20-22.

② 叶海.高校涵育大学生优秀传统文化自信的逻辑与路径［J］.艺术百家，2017，33（6）：231-232.

③ 曾云.大学生文化自信的培育［J］.甘肃教育，2017（06）：20-21.

同的基础上①。

在《中华优秀传统文化视域下大学生文化自信的培育研究》一文中，李航从实践策略角度来探讨如何更好地发挥优秀传统文化的功能。李航指出，大学生文化自信需要系统、持续地培养，在把握大学生文化行为与思想规律的同时，关键需要从中华优秀传统文化中汲取深层次内容，激发青年学生的积极性，在助力培养学生文化自信方面，传统文化的功能主要有三个：第一，丰富文化自信培养的教育资源。第二，净化文化自信培养的环境。第三，拓宽文化自信培养的路径。在实践策略方面，作者认为，文化自信持久地支撑个人和社会的发展，关系到学生、国家和民族的发展。

学习中华优秀传统文化有助于弥补当代大学生文化自觉不足、缺乏自信等问题，高校可以积极利用媒体融合的机遇，搭建平台，进行文化交流学习，提供机会让大学生更多地接触到优秀传统文化②。

在中国知网"书名"检索"社会主义核心价值观"有600多部著作，集中在2014—2016年的有515部，占80.2%。检索"社会主义核心价值观＋传统文化"，具有代表性的著作有5部。在中国知网"主题"检索"社会主义核心价值观"共有61863篇论文。在中国知网"主题"检索"社会主义核心价值观＋传统文化"共有5222篇论文，"主题"检索"社会主义核心价值观＋大学生"共有5593篇论文，"主题"检索"大学生＋传统文化"共有2649篇论文。

胡晓婷和柏振平在论文中指出，中国传统文化是社会主义核心价值观衍生的沃土，两者紧密相连。创造和升华中华优秀传统文化需要探索两

---

① 李玉玲.增强民族地区大学生文化自信略论——以广西高校为例［J］.学校党建与思想教育，2017（13）：82-83.

② 李航.中华优秀传统文化视域下大学生文化自信的培育研究［J］.创新创业理论研究与实践，2019（22）：141.

者之间的关系。从国家、社会、个人三个层面来看，中华优秀传统文化是社会主义核心价值观的思想源泉。把社会主义核心价值观融入优秀传统文化有几个途径：首先，将传统经典与社会主义核心价值观融合。传统经典是宝贵财富、民族复兴的源泉和动力。其次，结合时代要求整体发展。社会主义核心价值观有助于人们达成思想共识，汇集了人们的智慧。第三，需要进行创新。中华民族拥有创新能力和创造力，在历史发展的长河中，优秀传统文化有非常大的生命力，我们需要深入发现其精髓①。

王太芹在《社会主义核心价值观与中华传统文化关系简述》里讲道，从价值观层面对我国社会主义现代化建设目标的基本理念进行凝练，产生了"富强、民主、文明、和谐"的概念；从价值观层面对公民基本道德规范进行凝练，产生了"爱国、敬业、诚信、友善"的概念。在中国传统文化中，国家层面和社会层面倡导的价值观明显比个人层面倡导的价值观要少很多。"诚信"指诚实守信，专门用来指诚恳待人、守信承诺等。"友善"指的是公民之间互相尊重、帮助、关心，友好相处。儒家友善观为社会主义核心价值观的根源。②

李慧青、房泽旭在《中华传统家风涵养社会主义核心价值观研究》中提道：家风也称门风，包括家规、家训、长辈的言传身教。家风可以定义为一个家庭或家族经历长时间的发展，逐步形成建立的传统习惯、处世之道、行为准则等。传统家风的核心内容包括以下几个方面：修身之道、劝学之道、治家之道、处世之道、家国同构、杂艺。传统家风连接中华优秀传统美德和社会主义核心价值观，了解传统家风的内涵，有助于培育优秀家风，践行社会主义核心价值观，让价值体系内化于心，外化于行。中

---

① 胡晓婷，柏振平.社会主义核心价值观融入中华传统文化的路径探析［J］.文化学刊，2020（2）：157–159.

② 王太芹，社会主义核心价值观与中华传统文化关系简述［J］.学理论，2020（3）：96–98.

华民族伟大复兴需要"五位一体"全面振兴和文化自觉①。

陈庆庆、李祖超在《中华优秀传统文化融入思想政治教育的三维向度》中提道，中华优秀传统文化为开展心理健康教育提供滋养，为开展道德教育提供智慧，为开展思想教育提供精神营养，为开展政治教育提供来源。通过增强用"中国梦"激发"青春梦"的主动性、把握"文化强国"的主动权、打好主动仗来保证中华优秀传统文化融入大学生思想政治教育。将中华优秀传统文化融入大学生思想政治教育的努力目标为：第一，开展以仁爱共济、立己达人为重点的关爱教育，培养全面发展的优秀力行者。第二，开展以正心笃志、崇德弘毅为重点的修养教育，培养信念坚定的新一代开拓者。第三，开展以天下兴亡、匹夫有责为重点的情怀教育，培养坚持奋斗的可靠接班人②。

王婷在论文中提出，弘扬社会主义核心价值观，传承和创新传统文化需要拓宽教育路径，加强教育的时效性，只有通过这些才能构筑传播教育的平台。构建传统文化传播教育的平台有三种机制：长效机制、激励机制、体验机制。

各高校可以请一些专家进校园开展讲座和论坛，给学生带来启发和学习，增进他们对优秀传统文化的理解，学校也可以请学生主动来讲解经典、诵读经典，变被动为主动，老师只起到一定的规范和指导作用。学生们通过自己讲解对经典的理解，可以更加深刻地感悟到经典的魅力，给自己一个文化方面的洗礼。此外，班团组织、志愿活动、学术研讨、网络传播等方式也可以让同学们感到优秀传统文化的吸引力。当我们给予学生更多自主的选择和实践机会，就能丰富传统文化的传播途径，让传统文化教

---

① 李慧青，房泽旭．中华传统家风涵养社会主义核心价值观研究［J］．国际公关，2020（2）：261–262.

② 陈庆庆，李祖超．中华优秀传统文化融入思想政治教育的三维向度［J］．湖北第二师范学院学报，2019（11）：25–28.

育内化为学生的一部分[①]。

关于中华优秀传统文化与大学生素质教育方面，根据中国知网显示，在中国知网"主题"检索"大学生素质教育"共有10206篇论文。在中国知网"主题"检索"大学生素质教育＋中华优秀传统文化"共有23篇论文，"主题"检索"中华优秀传统文化＋大学生"共有411篇论文，"主题"检索"大学生＋传统文化"共有2647篇论文。

其中，《传统文化与大学素质教育的关系辨析》一文的作者陈帅提出，传统文化教育作为素质教育的一部分，具有很多现实意义，人们通过学习优秀传统文化，可以提升修养。学习优秀传统文化也是高等教育大众化的客观需要之一。

大学素质教育与传统文化的学习有什么关系呢？首先，从社会价值、满足教育需求方面来看，我国高等教育的根本任务就是立德树人，因此大学教育不仅关注成绩，而且需要引导学生树立正确的三观。相对于基础教育而言，素质教育以人文关怀为基础，培养学生为人处世的能力和判断处理问题的能力。新时代社会对高等教育提出更多要求，更加注重个人的全面发展。素质教育需要从优秀传统文化中汲取营养，以此作为精神支持，同时传统文化也需要通过大学素质教育来发扬光大[②]。

在《中华优秀传统文化：大学素质教育的内在要求》一文中，应金萍提出，大学生应如何建立起来文化自信？通过了解中国几千年悠久的历史，了解传统文化、革命文化、社会主义先进文化，在此基础上积累起最深层的精神追求，中华优秀传统文化的核心思想可以帮助大学生形成与时俱进的观念。惠民利民、安民富民、道法自然、天人合一的理念对青年学

---

① 王婷.社会主义核心价值观引领下中华优秀传统文化传播教育平台的构建研究［J］.中国轻工教育，2019（6）：59-63.

② 陈帅.传统文化与大学素质教育的关系辨析［J］.科教导刊（上旬刊），2019（1）：7-8.

生世界观的形成有很大启迪。大学生理解了中华民族悠久的文化理念，会更加坚定自信，成为政治坚定的建设者和接班人[①]。

胡志明等在《中华优秀传统文化在大学生素质教育中的缺位与构建》一文中指出，优秀传统文化是大学生素质教育的一部分，也是校园文化的一部分，有助于大学生建立正确的价值观念。当前传统文化在大学生素质教育中的缺位表现为缺乏系统性的培育机制。优秀传统文化是传统思想、道德、智慧的结晶，凝聚了全国各族人民的价值理念和思想观念，涵盖了爱国精神、创新精神和务实精神。中华优秀传统文化包含着每一代人的创新与进步，凝结着每一代人的智慧与思想精华，最能体现出民族特性与心理品质[②]。

第三节　研究对象

本书的研究对象为新时代高校青年学生。

中华优秀传统文化在几千年的悠久历史中不断沉淀下来，一代代继承、发扬并不断赋予新的时代含义。优秀传统文化代表了中华民族的成就，是民族文化的统领，反映出我们民族生生不息的创造力。

文化影响人，并对经济、政治产生作用。一方面，中华优秀传统文化的繁荣兴盛是民族伟大复兴的重要组成部分。另一方面，优秀传统文化

---

① 应金萍.中华优秀传统文化：大学素质教育的内在要求［J］.中国高等教育，2017（21）：49-50.

② 胡志明等.中华优秀传统文化在大学生素质教育中的缺位与构建［J］.当代教育理论与实践，2017（4）：117-119.

可以提供源源不断的精神支持和动力，影响着民族复兴伟大事业的进行。"文化兴国运兴，文化强民族强"，中华优秀传统文化一直作为我们的精神涵养，不断给予我们行动力量的支持。

国家建设、民族复兴、社会发展需要大学生的积极参与，他们是希望、未来和动力。

文化自信来源于历史悠久的中国传统文化，只有在对自己文化价值赞成与肯定的基础上，才可以产生，这是对文化生命力的强大信心。

博大精深的中国文化有能力和底气应对外来入侵，培养文化自觉需要从三个方面着手：第一，增加我国人民对本国文化的了解，与时代结合来弘扬文化。第二，自觉学习民族文化，提高责任感。第三，用批判的眼光看待外来文化，不排斥，不盲目推崇，取其精华，去其糟粕，让人类社会的优秀成果与中国优秀传统文化相融合。增强综合国力需要提升文化"软实力"，我们通过大力发展文化产业、文化教育、文化事业等来加强文化建设。

从中华优秀传统文化的文化特征来看，它的内容丰富、学理完备、历史悠久、思想深邃。从其现实影响来看，它已沉淀为我们民族的精神基因，"早已渗透到每一个中国人的为人、处世、做事和家道伦常之中"。在实践过程中，要从现代与传统、民族与世界等角度把握它与中华优秀传统文化的相通性与差异性。结合高校的实际来看，本书的研究意义比较大。从理论意义来看，有助于推进思想政治教育研究向纵深发展，有助于满足加强和改进思政教育研究的需要。从现实角度来看，有助于大学实现立德树人的根本任务，发挥积极的引领和智力支持。

在大学生素质教育方面，中华优秀传统文化与当代大学生素质教育的结合不是一朝一夕的事，必须把它作为一个长远而重要的目标来不断完善。我们应在对中华优秀传统文化进行传承的基础上，将其与大学生的素质教育恰当地融合。

第四节　选题意义及创新之处

一、选题意义

（一）有助于传承和弘扬中华优秀传统文化

面对当前西方文化的"软侵略"，部分国民民族文化意识淡薄，传承和弘扬中华优秀传统文化面临很大困难，唤起国人的关注和重视，既有助于文化本身的传承和弘扬，又助推了我国政治经济的发展。有信仰、有行动，让中华优秀传统文化走进现实生活、走入人们心中，是新时代的要求。探究中华优秀传统文化对高校青年学生树立文化自信、建立社会主义核心价值观认同、提高素质教育具有关键作用，有利于提高人们对传统文化的认知水平、增强影响力，向世界推广它。

（二）有助于培养社会主义事业合格建设者和可靠接班人

高校办学的根本问题是培养什么样的人及如何培养人。新中国刚成立时，把"红"即"政治化"置于首位。改革开放之后，"又红又专"的人才培养目标重新得以确认，并且被赋予新的时代内涵。1993 年，国务院转发的《关于加快改革和积极发展高等教育的意见》，从政治、学术、经济三个角度确立了高校的人才培养目标。1998 年 8 月颁布的《中华人民共和国高等教育法》中提出的育人目标是：坚持"德智体等方面全面发展"，培养"社会主义事业的建设者和接班人"。《国家中长期教育改革和发展规划纲要（2010—2020 年）》坚持了《中华人民共和国高等教育法》关于育人目标的提法，同时，在谈到高等教育时，具体提法是"着力培养信念执着、品德优良、知识丰富、本领过硬的高素质专门人才和拔尖创新人才"。其中，"信念执着、品德优良"显然是对大学生的"德行"要求。

党的十八大报告为高校培养社会主义合格建设者和可靠接班人指明了方向。党的十八大报告提出"建设社会主义文化强国，关键是增强全民族文化创造活力""大力弘扬民族精神和时代精神""弘扬中华优秀传统文化"，坚持"三个倡导"等。培育社会主义核心价值观是一个全新的时代课题，它们都是我国全面推进改革开放过程中必须着力完成的重大历史任务。

（三）有助于增强全社会的文化自信，营造良好的文化氛围

只有通过认真学习，才能感受中华传统文化的宝贵及其对民族精神传承的重要作用，才能正确认识和把握文化发展规律，树立自信与自觉，加深认识理解，主动担当起责任，让文化自信内外一致，对优秀传统文化的前途和社会主义文化发展道路充满信心。培养文化自信、文化自觉的良好氛围可以通过大学生的影响力和凝聚力来实现。

（四）有助于建设社会主义文化强国

用优秀传统文化来指导青年树立文化自信，有利于坚定信仰，维护意识形态领域安全，使高校人才成长为有理想、有本领、有担当、有民族大局观、有民族自豪感、有民族荣辱观的青年群体。

（五）有助于发挥高校的文化传承创新作用

国际学界公认的高校三大基本职能包括：人才培养、科学研究、社会服务。高校也是传承优秀文化的载体。人才培养职能指的是落实立德树人的根本任务，培养社会主义合格建设者和接班人。用优秀传统文化涵育社会主义核心价值观与人才培养职能直接关联。

高校的文化传承创新使命表现为三方面：第一，培育和建设大学文化，完成提炼、内化文化价值的使命。第二，净化社会文化，提升社会主义道德的使命。第三，复兴中华文化的使命。三个使命与社会主义核心价

值观的培育直接相关。其中，第一个使命体现出校园文化的育人功能。大学是交融的敏感地带，只有弘扬正能量、唱响主旋律才能发挥好大学文化的育人职能。第二个使命反映了高校引领社会文化发展的职能。这个职能以提升文化软实力、巩固社会主义意识形态为目标。第三个使命表现为推进中华优秀传统文化的现代化。高校有着丰富的传统文化资源，理应担当起复兴中华文化的神圣责任。对待中华优秀传统文化必须以社会主义核心价值观作为评判、取舍的价值标准。在高校人才培养过程中，要把中华优秀传统文化中蕴含的精神资源挖掘出来，进行优质高效的开发利用，从而实现践行社会主义核心价值观的内外一致。

此外，本书的理论价值在于：

第一，首次提出将"中华优秀传统文化"与"高校青年学生文化自信""社会主义核心价值观认同""大学生素质教育"相结合，基于时代背景和实践基础探索关联性、统一性、时代性。用新思维来发展中华优秀传统文化，结合时代要求和特点来树立文化自信、培养文化自觉。

第二，探索中华优秀传统文化的新内涵，站在新的历史起点和方位，结合当下社会建设和实践的需要，基于传统、立足长远，解读传统文化，加深理解。

第三，从高校青年学生入手，实现中华民族文化自信需要从培养青年学生文化自信出发，当代大学生的行动一定程度上可以带动整个社会的文化自信发展方向。

二、创新之处

（一）把握"根"的教育

优秀传统文化就是关于"根"的教育。抓住"归根"情结，在大学生灵魂深处灌输中华优秀传统文化，是培育民族自豪感和民族自信心的根本途径。不论时代如何变化，高等教育如何改革与发展，我们都不能数典忘祖。让教育回归本真就必须深入开展"根"的教育。"根"的教育抓住了人的精神实质，回归到了教育的本源。

（二）陶冶"心"的情怀

中华优秀传统文化是我们的民族"魂"、中国"心"。社会主义核心价值观的培育就是在筑魂和修心。人之"心"是与生命本源相关的存在，与本源之"根"相关的存在都能激发人们内心的归属感、依赖感、敬畏感、崇拜感。人的故乡情结、祖先情结、民族情结和宗教情结等都是人之"心结"。要实现立德树人的目标，就必须让社会主义核心价值观在大学生"心"中扎根，因此，培育社会主义核心价值观的问题是一个心性修养问题。我们需要相信人心是美好的，是可用的。

只有把大学生的心性培养好，才能使他们形成基于社会主义核心价值观的价值选择和价值追求，达到一种独善其身的状态。培育和践行社会主义核心价值观贵在"内化于心"，在此基础上形成理论论证和心理基础，才能指导"外化于行"，可以说，"外化于行"是"内化于心"的目的和归宿。

（三）凝聚"正"的能量

中华传统文化是延绵持续、不曾断绝的伟大文明，其治国理政的经验具有内在的历史合理性。全面推进改革开放需要正确处理汲取传统文化内在力量与吸收西方文化外在力量的关系，坚持"以我为主，为我所用"的原则。坚持中国特色社会主义先进文化的主导地位，同时，努力做到古为今用、洋为中用。

培育大学生社会主义核心价值观需要不断吸收"正能量"，具有明显的时代和文化特征，它是一个民族长期沉淀和培育形成的。2014 年，教育部颁布的《完善中华优秀传统文化教育指导纲要》对中华传统文化的"正能量"做出了明确概括，借助中华优秀传统文化的滋养和能量释放，社会主义核心价值观必将在大学生心中生根发芽、开花结果。

第五节　研究方法和研究手段

一、理论研究与实践研究相结合的方法

本书把实践研究作为最重要的方法，但是，实践研究与理论研究是不可分割的。在研究过程中，坚持以马克思主义理论、个性化教育理论、传播学理论、社会学理论等为支撑，对中华优秀传统文化资源进行诊断性分析，选择大学生易于接受的教育元素，融入实践教育过程，实现理论研究与实践研究的有机统一。

二、教师主导与学生主体共成长的方法

大学教师是学生学习活动的组织者、参与者和促进者，学生是行动的主体。教师和学生的关系是最基本的关系。我国现代教育理论主张"以教师为主导，以学生为主体"。在教育实践活动中，既要反对重教轻学、片面理解教师的主导作用，又要反对重学轻教、片面理解学生的主体地位。教学相长需要处理好教与学的关系。在教与学的互动中，人们得以知困惑、知不足，而后反省自强，不断提升自己。教育的过程是师生共同成长、共同进步的过程。

三、项目合作与实践育人相融合的方法

"项目化教学"起源于美国，在国外叫作"项目课程"，在国内被称为"探究式学习"。"项目"一般指为实现一定的目标，对要解决的问题进行细化分解，通过群体组织的分工合作，有效利用资源来完成特定任务。"项目课程"说到底就是让大学生参与教师的研究项目，或者在教师

的指导下由学生来主持项目。在开展项目研究过程中，通过师生的互动互促和密切合作，实现教书育人的目的。"实践育人"的理论方法以马克思主义实践论和认识论为基础。

社会实践是形成正确认识和能力的根本途径，人们主观世界的改造以客观世界的改造为基础。社会实践也是人们价值观念形成发展的动力。培育社会主义核心价值观必须注重"实践育人"。一方面，鼓励大学生参加各种社会实践活动，让他们感同身受，坚定社会主义理想信念。另一方面，通过社会实践升华思想，帮助大学生培养文化自信，有助于素质教育任务的完成。

第二章

传统文化与中华优秀传统文化

文化代表着一种传承，为民族和国家的发展打下坚实基础。文化需要与时俱进，不断改进、创新。这种传承影响着一代代人的进步。

第一节　文化的内涵

一、文化的含义

（一）文化的基本概念

文化的概念延伸比较广泛，源远流长。在汉语词典中，文化的含义大概有三个方面：第一个方面指人类在社会历史发展过程中所创造的物质财富和精神财富的总和，特指精神财富，如文学、艺术、教育、科学等。第二个方面指运用文字的能力以及一般知识。第三个方面指同一个历史时期的不按照分布地点而改变的古代遗迹等综合体。根据 1989 年《牛津现代高级英汉双解词典》的定义文化的含义大概总结为：广泛的知识以及将之活学活用与根植内心的修养。

根据英国剑桥大学威廉·雷蒙教授的理解，文化是在对人心灵的培养这一理解的基础上发展起来的，文化指人类的兴趣、活动及影响，包括人心灵发展的过程、状态、手段、方法等，以及具有实用性的概念框架。文化是描述性的，不具有价值判断。

美国著名人类学家克鲁伯认为，文化是一套在一定时间里流行于某一群体的行为模式。文化在这个方面的概念被运用到人类学、社会学、教育学、心理学、政治学等领域。

（二）文化的不同内涵

不同内涵的文化意义是不相同的，可以分为广义的、狭义的和引申意义的。

广义的文化指人类创造的物质财富和精神财富，是人类社会的积淀物。这其中，物质文化包括自然文化、经济文化、军事文化、建筑文化等。精神文化包括政治、宗教、文学、艺术、教育、科学、伦理、哲学等。

广义文化的概念很广泛，可以说是人类立足于自然界独特的生存法则，着眼于人类与其他动物的本质不同。文化可以是活动方式，也可以是工具器皿等。

狭义的文化不包括人类物质创造活动及其结果的部分，专注于某一项精神活动及其结果。

引申意义的文化指在本义和广义的基础上衍生出来的更加常见的含义。引申的文化不管是中国还是外国，都很容易看到，汉语词义的引申含义更加复杂和丰富多彩。

二、文化的性质

（一）社会性

文化具有社会性，属于一种社会的文化形态，包括物质和精神两种。因社会载体的不同，文化呈现不同状态。

（二）民族性

民族性与民族的产生、发展联系紧密，文化的民族性主要表现在以下方面：

首先，文化的民族性体现出一定的民族特色。不同民族特色组成不同的文化。

其次，文化的民族性反映出一定的历史传统。中国历史传统具有深厚的文化积淀，传承下来的文化富有历史色彩。

最后，文化的民族性体现出一定的宗教信仰特点和语言特点。人与人的信仰差别很大，比如，传统的中国人信佛、道等，而西方一些国家的人们则信仰基督教、天主教、伊斯兰教等。

（三）阶级性

不同统治阶级为了维护自己的统治，会产生不同文化方式。文化被统治阶级利用，只要有统治阶级，就会有文化的阶级性。

（四）延续性和发展性

文化的传承经历了很长的时间，沉积下来的都是进化与发展的结果。社会进步必然会推动文化的发展，文化的延续性与发展性表现为时间、空间、内容的相承、扩展与创新。

三、文化的功能

（一）文化是根基

一个民族、国家、组织的根基就是文化。文化的根基作用主要体现在以下方面：

第一，文化产生了物质财富。物质财富的生产需要靠知识、技术、掌握知识的人。

第二，文化是精神财富的根。思想的形成是精神财富的一部分，其来源是文化。从教育、科技方面生长精神财富。文化产生了科学和教育，两者促进了文化的发展。

（二）文化是土壤

文化是人类精神发展孕育出来的产物，任何文化的生长都需要一定的物质土壤来孕育。文化是土壤的表现在以下两个方面：

首先，优秀的传统文化是一个民族赖以生存的条件。优秀的制度、道德、思想等经过不断完善、发展，可以为民族文化提供源源不断的生命力与养料，优秀的文化土壤可以培养出优秀的文化传统。

其次，优秀的传统文化是一个民族精神的土壤。民族精神是在文化的土壤里孕育出来的宝贵产物。在文化的土壤中，民族精神不断得到发展和更新。

（三）文化是力量

文化是一种影响国家、民族的巨大力量，可以推动一个国家或民族的发展。

第一，文化有利于增强民族的凝聚力。如果组织成员认同一种文化，就会产生归属感和自豪感，愿意为了文化的发展添砖加瓦，为维护文化的自尊而贡献力量，完成特定的使命。

第二，文化有利于提升民族的抗击力。文化的独立具有防御功能，有利于抵制外来因素的侵扰。民族独立性的形成依赖于文化，独立的文化有助于增加我们的抗侵扰能力。

四、文化的分类

依据结构和范畴来划分，文化具有广义和狭义两个概念。广义文化和狭义文化的概念在上文中已经提到。从文化的多样性以及复杂性方面，可大致将文化分为三个方面，即物质文化、制度文化和心理文化。物质文化是可见的显性文化；制度文化和心理文化分别指生活制度、价值观念、家庭制度、社会制度、思维方式、宗教信仰、审美情趣等，属于不可见的隐性文化。文化分为物质文化和精神文化两大类。

（一）物质文化

物质文化包含生产工具和劳动对象等，指人类在发展、创造中发掘的技术、物质产品。物质文化联系社会经济生活的组织方式，通过经济、社会、金融和市场基础设施显示出来。能源、通信、交通等属于经济基础设施范畴；住房、教育等属于社会基础设施范畴；金融和市场的基础设施包括为企业服务的机构。一般来说，在自然状态下存在的物质不属于物质文化的范畴。

（二）非物质文化

非物质文化指那些有艺术、历史价值的非物质形态的东西，包括人类在实践过程中创造的各种精神文化，如少林武术、中华刺绣等。无论是非物质文化，还是物质文化，文化的核心都是人。文化由人类创造出来，是人类智慧、创造力的体现。人类是文化的创造者和享受者。人虽然需要受到文化的约束，但是在文化中永远是主动的。我们了解和研究文化就是研究人的创造思想、行为、心理及成果。

五、文化的功能

文化在不同的范围和层面有不同的功能，具体有以下几个方面。

（一）整合功能

文化可以把其他文化中的各个要素有效整合，协调成员的行动。文化为群体中不同成员的沟通和交流搭建起桥梁，整合不同的性格和思想，促进他们更好地合作和达成共识。

（二）导向功能

文化给人们的行动提供了一定的方向，以及可以选择的方法。例如，人们通过共享文化可以知道何种行为在对方眼里是合适、积极、可被接纳的，文化能够指导人们选择有效的行动。

（三）维持秩序功能

一种文化的形成、确立意味着该种价值观、行为规范的被遵从和被认可。人们在不断地学习和对共同生活经验积累的基础上形成了文化，文化经历了人们的筛选和比较。文化确立的社会秩序能在文化的作用下维持下去，这是它维持社会秩序的功能。

六、对文化的其他理解

不同领域对文化有不同理解，比如，存在主义认为文化是一个人或一群人存在方式的表现，它言说或表述了人类在自然、历史中的存在过程，它不仅描述一群人的行为，也感知个别人的自我心灵体验。从哲学层面来说，不同时间和地点的哲学思想特点决定了文化的不同风格。

从文化研究的角度来看，真正意义的文化包括传承优秀文化与吸收其他优秀文化。根据文化霸权主义，霸权的维持依靠支配阶级与被支配阶级的谈判。支配阶级为了实现其领导，需要修正文化方向。在共同的环境下，通过价值观的判断，形成一种简单的文化整合。

第二节　传统文化的内涵

一、传统的释义

"传统"是世代相传的东西，包括思想、行为、想象的产物等。其中，"传"字表现传承、传递的含义，"统"字有连续的含义。经过一代代的积累和传递，"传统"延续到今天，影响着我们生活的方方面面。

传统文化反映民族特质和风貌，是各种观点的集合。民族有形的物质文化和无形的精神文化共同构成了自己的传统文化。

二、传统文化的概念和内容

传统文化作为一个大的概念，由"传统"和"文化"两个概念构成。与"现在"相对应产生"传统"，"传统"随着社会的不断进步而发展改变，过去属于"传统"的一部分，现在、未来都将属于"传统"。"传统"相对稳定，具有地域色彩，积极的"传统"可以促进社会发展，反过来，消极的"传统"会阻碍社会进步。

按照地域理解，传统文化包括中华传统文化和外国传统文化。中华传统文化以儒家文化为中心，综合了政治、经济、思想、艺术等内容，经历上千年形成，相对稳定。文字、语言、书法、音乐等都是中华传统文化的组成内容。

中华传统文化包括宗法、农业、血缘文化，伴随时代的发展，内容不断丰富，相互关联，密不可分。比如，封建社会的大家庭强调辈分和地位的等级差距，重视家族家规。我们在鲁迅先生的小说里常常看到宗法文化对封建统治和人们思想的影响。中国是一个农业大国，以农业为基础的经济形态决定了我国发展出与之相适应的文化制度。

三、传统文化的特点

中华传统文化集中体现了中华民族的思想观念、情感认同、语言习惯等，凝聚着民族的道德规范、价值导向、思想品格。传统文化历史悠久、博大精深，被中华民族代代相传，可以反映出民族特质和风貌，是民族历史上各种观念形态的总和。

（一）中华传统文化具有世代相传性

简单来讲，世代相传为传统的本义。代代相传下来的文化有很多，比如大多数中国人都会写汉字、用筷子吃饭，相当多的中国人从学生时代就认得王羲之的书法，就能背诵中国的古诗，这就是在自觉或不自觉地传承中华文化。今天，13亿中国人都在使用同一种语言和文字，都有一致的文化认同，可以看到文化传承和文化凝聚中国人所具有的力量。中华传统文化历史久远，是中国千百代人创造的文化成果，这种文化成果缤纷多彩、辉煌灿烂、绵延不绝，这种文化积淀在代代相传中注入了中国人的血脉，成了中国人所特有的文化基因。

（二）中华传统文化具有会通包容性

中国除汉族外，还有 55 个少数民族。这些少数民族在中华民族的历史上都对中华文化做出过不可磨灭的贡献。居于黄河流域的中原农耕文化曾经是中华文化的中心，但这种农耕文化在中华民族的历史上也不是僵化和封闭的，它和中国少数民族的游牧文化一直处于相互激荡、相互学习、相互融合的过程中。对处于辉煌时期的唐朝文化来说，就相当广泛地吸收和融入了当时西域少数民族的文化。中华传统文化所具有的会通包容性还体现在中国传统哲学各学派之间的相互争鸣、相互辩论和相互吸收上。在中华文化史上，各种学派（如春秋诸子百家）之间以及每个学派（如儒家学派与道家学派）内部，都存在着既相互辩论又相互吸引的情况。对于外域文化，中华文化也体现了它充分的开放性与包容性，这在外来宗教——佛教中国化的过程中得到了鲜明的体现。

（三）中华传统文化具有形态稳定性

中华文化在发展中不断地以开放的胸怀吸收他人之所长，但同时它又一直保持着自身形态的稳定性，这也可以说是一个奇迹，表明中华文化有强大的生命力和凝聚力。中华文化之所以能够既吸收别人，又不改变自己，成为一种保留在中华民族中间具有稳定形态的中国文化，取决于它独特的内涵和精神。中华传统文化的基本精神主要有以下几个方面：首先，中华民族是以刻苦耐劳著称于世的民族，表现在文化上就是"刚健有为""自强不息"；其次，中华民族追求和平，热爱和平，表现在文化上就是"天人合一""和而不同"；再次，中华民族是崇礼尚文的民族，表现在文化上就是"人文化成""厚德载物"；最后，中华民族是充满辩证智慧的民族，表现在文化上就是"刚柔相济""阴阳协调"。中华民族的这些基本精神渗透和表现于中国传统文化方方面面的内容与形式当中，使中华传统文化成为既能自我更新，又具有相对稳定形态的文化整体和文化体系。

（四）中华传统文化具有内容丰富性

中华传统文化之所以有力量，在于它不但有充满道德智慧的精神与灵魂，而且有多层面的丰富内容作为它的血肉和载体，使古往今来每一个中国人无不生存和生活于中华传统文化中。它无所不在，无处不有。如要列举出中华传统文化都有哪些，恐怕是说不完、数不清，无法穷尽的。像礼仪制度、传统道德、宗教信仰、文学艺术、教育科技、琴棋书画、汉语汉字、音乐舞蹈、戏剧戏曲、中医中药、养生健身、武术功夫、美食美饮、服装服饰、风俗习惯、建筑园林、铸造雕刻、瓷器玉器等，在广义上都可以说是中华传统文化，或可以说是中华传统文化的体现。在中国各民族的生活方式中，可以说处处渗透着文化，像中国的姓名文化、属相文化、生日文化、节气文化、节庆文化、成语文化等，可以说无处不文化。正因为它具有人们喜闻乐见的形式，才使得基本精神与价值观在潜移默化中渗透到中国人的血脉当中。

四、传统文化的影响

传统文化的影响可以分为横向的影响和纵向的影响。横向的影响指中华传统文化和外国文化的差异与影响，纵向的影响指传统历史文化对于现代文化的影响。从横向来看，中华传统文化对国外其他国家产生了深远影响。在中国历史上，各个时期都有中华传统文化对世界产生影响的典型事例。比如，公元7世纪朝鲜在首都讲授儒家经典。培根给予中国发明高度评价。在当今时代，孔子学院遍布世界各地，中华传统文化将持续、广泛、深远地影响外国文化。

从纵向来看，传统文化对现代文化的影响可以分为积极影响和消极影响。在封建社会，封建的本意就是分封建制，这就是典型的中国封建社会。在中国古代，人与人是不平等的，不同等级的人们不能来往、通婚，男尊女卑的观念一直存在。忠君的思想在皇帝时代一直被推崇，直到孙中山推翻帝制，形成民主革命思想，提出指导革命的三民主义结束了两千多年的封建帝制。中华传统文化的一些糟粕存在于封建社会，虽然在历史发展中已经被逐渐抛弃，但在某些时候仍对人们有着一定的影响。

封建文化的核心是儒家思想，封建文化追求"德治"，重视"人治"，儒家思想是封建社会的正统思想。虽然儒家思想有一些局限性，但是"仁、义、礼、智、信"的文化内涵始终具有积极意义。

第三节　中华优秀传统文化释义

一、中华优秀传统文化的概念

中华传统文化包含中华优秀传统文化，两者之间是整体与部分的关系，传统文化中有积极意义的精华部分被称为中华优秀传统文化，它是对中华历史的记录与传承，是对人类精神、社会文明的思考与总结。文化凭借它独有的魅力记录着历史，推动着历史，改变和传承历史。

中华优秀传统文化可以激发民族自信心和自豪感，鼓励人们前进，反映中国社会健康的精神方向，有很强的生命力，具有持续性和稳定性。中华优秀传统文化在当代的表现为：自强不息的奋斗精神，厚德载物的博大胸襟，崇德重义的精神境界，团结统一的价值方向。

二、中华优秀传统文化的基本内容

中华传统文化曾以辉煌的火焰照亮了东方，但是伴随近代中国的落后和屈辱，中华传统文化也一度落后。正确处理当代与历史的关系，有助于增强民族自信心。总的来说，中华优秀传统文化包括以下基本内容。

（一）重德精神

中华民族以重德著称于世，道德是人的行为修养，对国家、民族的发展有积极的影响。儒家思想核心为"仁爱"，崇义、尚仁体现了中华民族的重德精神内涵。

（二）宽容精神

孔子提出的"仁即爱人"，孟子提出的"仁政"，以及墨子提出的"兼爱"都是宽容精神的体现。《易经》指出君子应当具有像大地一样宽广的胸怀，用宽厚的德行包容世界。

"君子和而不同"，根据《易经》所云，人需要有伟大的胸襟，可以容纳一切，有能力在对立中求统一。通过包容、融合成为一个整体。"中庸"思想很好地诠释了"和"字。

（三）自强精神

作为中华民族精神的一部分，自强不息蕴含于传统文化中，正是坚忍不拔、自立自强的精神支撑着我们民族发展和进步。中华民族自立于世界民族之林靠的就是由此拓展出来的刚正不阿、不屈不挠等精神。

（四）求实精神

中华文化比较关注社会、人生问题，比较关照人心和人性、看重现实，坚持一切从实际出发，实事求是。

孔子教育弟子实事求是，反对主观臆测就是实事求是精神的体现。中国人一向务实，主张踏实的作风，在性格上被打上了朴实、脚踏实地的烙印。

三、中华优秀传统文化的特征

（一）崇德尚贤的伦理性

在中国几千年历史中，优秀传统文化遵循德育至上，以伦理道德为核心。儒家思想中提到，大学教育旨在彰显德行，去除污点，达到至善至美。《论语》中也对修德有要求，孔子认为，人应该遵守修养，通过道德教育，将人与动物区别开来，社会应该弘扬德行。

中华传统文化在古代典籍中有记载，在古代人们道德践行中有反映。一方面，古代统治者以道德手段教育感化人们，实现其统治目的。另一方面，古代人们崇尚理想的圣贤人格，以儒家思想为标准约束行为，从而提升境界，实现价值。

（二）延绵不绝的生命力

根据英国历史学家汤因比的观点，在近 6000 年的人类历史上出现过 26 种文化形态，其中比较早的文化体系了古中国文化，还有古印度文化、古巴比伦文化、古希腊罗马文化、古埃及文化等。中华传统文化属于这些文化形态中唯一一种延绵不绝的文化。中华传统文化在东亚大陆按照逻辑演化历经 5000 多年而不中断，这些体现出它较强的生命力和稳定性。

（三）开放、包容、内化的自我革新性

古代中国属于开放的国家，国家内部之间各个诸侯国相互合作，同时，与其他国家的交流和文化传播具有兼容性和开放性。

中华传统文化发源于黄河流域，随着北方游牧民族的入侵，逐渐受到游牧文化影响，农耕文化与游牧文化在交融中，保存特质，互相融入吸收。

中华传统文化具有包容性，吸收外来文化的精华，比如，古印度的佛学从汉代传入中国以来，与儒家、道家一起成为中国传统文化的重要组成部分。包容力展现了中国传统文化的胸怀与气魄，以及文化的自我革新精神。

四、中华优秀传统文化的道德力量

（一）正心修身

1. 安贫乐道

中华民族最讲究修身，在中华传统文化中，修身占据的地位非常重要。修身影响个人的处世与事业发展。我们应该将传统美德内化为力量，按照传统文化的要求把自己提升为彬彬君子。

每个人的成长道路都有逆境、挫折和痛苦，有些经历可能会超出一般人的承受能力，如何才能经受住这些严峻的考验，渡过难关？关键的不是靠外力的支持，而是靠自己的修养。"安贫乐道"告诉我们，虽然处境贫困，但仍需要坚持信仰。"道"字原义为儒家的道德，后来被引申为人生的信念、理想、行为准则。孔子认为吃着粗粮、饮着自来水、把胳膊当枕头也是充满乐趣的，他的话给我们的启发为：一个人的快乐不在于物质享受，而在于精神追求。人一旦把心思都用在追逐金钱和名利方面，就会滋生很多执着心，不能一心向道。而且，古人认为，财富多了会滋长很多欲望与私心，干扰求道。

人是最具备适应能力的动物，所以在贫困中生存下来很容易。问题是，当我们面对贫困境遇时，是痛苦地活下去还是选择过一种快乐的生活。在这个时候，我们心中应该有一个光明的信念，同时坚持自己的信念。相信"梅花香自苦寒来"，就能够忍受当下的苦寒，就会产生出刻苦用功的动力。作为一种正心修身的方法，安贫有助于我们更好地求道，修炼自己的心智；乐道则有助于我们克服当下的贫苦，坚定自己的理想和信念。

2. 勤劳节约

中华民族勤劳、勇敢，万里长城、大运河、都江堰等伟大工程是我们民族辛勤劳动的见证。在中华文化历史上，流传着许多用劳动征服大自然的动人心弦的故事。中国古人很早就认识到"赖其力者生，不赖其力者不生"的真理。

热爱劳动是立身、安家、兴邦的根本。中国古代最伟大的医药学家李时珍就是一个把热爱劳动这一美德发扬光大的人。我国古代人民很懂得劳动的重要性。有句古诗说："锄禾日当午，汗滴禾下土。"墨子认为，劳动是人与动物的根本差别。人跟动物不同，人类如果想要生存下去，必须自食其力，"赖其力者生，不赖其力者不生"。勤劳的美德是开源，节约的美德是节流。勤劳节约让人类积累了大量的物质财富和精神财富，帮助中华民族历经磨难依然屹立在世界的东方。

《左传》中说："俭，德之共也；侈，恶之大也。"意思是说：节俭，是善行中的大德；奢侈，是邪恶中的大恶。《尚书》对一国之君的要求是："克勤于邦，克俭于家。"中国古代的圣贤之君都是国事勤劳，家庭节俭。

作为中华民族一直持有的传统美德，节俭影响着我们历代人的行为，崇尚节俭在物质财富相对富足的今天仍然适用。我们应该培养节俭这一美德。因为只有具备了这一美德，才能不为物欲所羁绊。纵观古今，凡是留名青史的人，都拥有节俭这一美德。

3. 明礼诚信

《论语》中说："民无信不立。"这句话被后人归纳为中华传统美德之一，即明礼诚信。

中国之所以有礼仪之邦、文明古国的美誉，就是因为自古以来，中国特别讲究隆礼。这里所谓的"礼"指的是"礼仪""礼貌""中和""谦敬"。《礼记》上还专门有这样的规定："入境而问禁，入国而问俗，入门而问讳。"意思是说：进入一个地区，先要问当地的法制禁令；进入一个国家，先要问该国的风俗习惯；进入别人家里，先要问主人有什么忌讳。以上都是自古以来中国文化中讲究"礼仪""礼节""礼貌"的一些代表性言论。

"明礼"和"诚信"两者存在密切联系。"诚信"只有通过"礼仪"才能真实地表达出来；"明礼"只有通过"诚信"的本质，才能免于虚伪。"忠信，礼之本也；义理，礼之文也。无本不立，无文不行。"古人把"忠信"看作"礼"的本质。"诚"于内而"礼"于外，是对两者关系最恰当的解说。

在"诚信"这个词语中，"诚"指诚恳、诚实；"信"指信用、信任。"诚"和"信"合在一起，就是指做人需要忠厚，信任他人，也让他人信任自己。

4. 浩然正气

根据孟子的观点，浩然之气是刚正之气，是大义大德造就的一身正气。更加直接点，就是骨气和节操。中国人最注重这两点，正所谓"三军可夺帅也，匹夫不可夺志也"。《荀子》一书中说："大节是也，小节是也，上君也；大节是也，小节一出焉，一入焉，中君也；大节非也，小节虽是也，吾无观其余矣。"从修身的角度而言，小节无疑也是重要的，在小的事情上能够让自己的行为符合道德要求，是个人美德的具体体现。但从政治生活而言，古人更注重的是大节，一个人在原则问题上坚持底线，"临大节不可夺"，是保持气节的关键。因此，大节是指一个人对国家、君主忠诚与否；而小节则是指一个人个人生活中个性品德的好坏。

气节一直是古代思想家推崇的精神力量，属于一种崇高的美德。孟子认为，坚持道义到一定高度，自然会产生一种至刚的力量，鼓舞人们勇猛前行。那么，我们应该具备哪些气节呢？

首先，每个人都有自己的尊严和人格，尽管人格表现出明显的不同，但人们在评价它时总会有一些共同的标准。这些共同的标准就是人格的尊严和独立。其次，人应该有正义感，可以为了正义不惜牺牲一切，大义凛然。最后，人应该维护民族和国家的利益。

（二）与人为善

中国人始终把人际关系当作人生中的一件大事，围绕着这件大事，产生了诸多传统美德。这些美德主要有以下四种：忠、孝、仁、义。这四者分别规定了中国传统社会最为重要的四类人际关系：孝，讲处理家庭生活中各种关系的基本准则；忠，讲处理个人与社会、国家关系的道德规范；仁，讲人与人之间、个人与陌生人、上级与下级之间的相处之道；义，讲处理人际关系，尤其是利益关系的道德要求。

忠、孝、仁、义这四个基本道德规范，是中国传统社会道德生活的基石。在此基础上，传统道德的其他规范得以建立和发展。总体而言，这四种传统道德的终极目标可归纳为四个字：与人为善。

1. 尽己之谓忠

《论语》中"三省吾身"的第一省"为人谋而不忠乎"说的就是，替别人做事时，有没有不尽自己心力去做的时候啊？在这里，"忠"是尽心竭力的意思。"忠"还表现为尽职尽责，认真做好自己的本职工作。最后，"忠"表现为忠于民族和国家，忠于自己的祖国和民族，将个人命运与祖国、民族的命运紧密相连，时刻关心国家和民族的命运。

2. 孝为人本

孔子说，孝是为人之本。中华传统美德第一经的《孝经》更是把"孝"提到了无与伦比的高度："夫孝，天之经也，地之义也，人之行也。"

"孝"不仅仅是一种美德，它还是做有道德的人的根基。《论语》中有这样一段话："君子务本，本立而道生。孝悌也者，其为仁之本与！"

由此可知，孝顺父母是做人的根本，一个人只要在家庭生活中是一个孝子，那么当他走向社会后，就不会干什么坏事。对这个观点的理解思路是这样的：连养育自己的父母都不孝顺，那这个人还能对得起谁呢？

或许正是这种思路的影响，古人将"孝"界定为诸德之本，国君可以用"孝"治理国家，臣民能够用"孝"立身理家。由于对"孝"的这种推崇，所以在中国古代选举官吏时，孝顺父母是一条重要的道德标准，汉代的董仲舒就说："求忠臣必于孝子之门"。

3. 仁者爱人

中华传统文化中分量最重的一个字是"仁"。孔子提出"仁者爱人"，"爱人"就是仁，是中华传统道德的精髓。这一传统美德要求我们在日常生活中、与人打交道时要常怀一颗爱人之心，与人为善。因此，爱人应当是真实的、发自内心的想法，虚伪就是不仁。

"仁"有很多种表现形式，比如：系身成仁，仁政爱民，大仁不拘小节，其核心在于推己及人，所谓推己及人，就是设身处地为别人着想，这就是最高尚的仁。推己及人的对象主要有两个层面：一是自己身边的人；二是整个社会中的人群。从影响身边人的角度而言，己所不欲，勿施于人；己欲达而达人，己欲立而立人。这两个方面的内容在传统道德学说中被称为"恕道"。

在日常生活中，人们将心比心，不损害他人。你自己不愿意做的事情，不能要求其他人去做或者替你去做。作为子女，我们自己在家里不愿意干的活，不应该要求父母替我们去干；作为朋友，我们自己不愿意做的事情，不应该要求他人帮助我们去做；作为社会的一分子，我们自己不愿意尽的责任，不应该要求他人对我们履行或替我们尽责。

"己欲达而达人，己欲立而立人"则要求人们将心比心，积极利人、助人，给他人以机会和力所能及的帮助。你自己想在困难的时候获得别人的帮助，那么在别人困难的时候，就应该去帮助他人；你自己想获得成功，那么就应该帮助他人获得成功，至少是不阻碍他人获得成功；你自己愿意成为一个善良的人，那么就应该创造条件去帮助他人培养他的善良本性。

孟子所说"穷则独善其身，达则兼济天下"这句话是古代知识分子的理想人格和道德标准。这句话的意思可以理解为：当一个人能力有限时，应尽力提升自己的修养；能力较强时，那么就要努力为天下人造福。概言之，"恕道"的基本思想是用自己的感受去理解他人的感受，用自己的品德帮助别人的品德成长，懂得换位思考。"己所不欲，勿施于人"属于基本的、起码的要求，这一要求在现代社会中被称为道德的"黄金定律"；而"己欲达而达人，己欲立而立人"则是更高的要求，由此可以成为中国传统道德所要求的"仁人"。

4. 义在利先

义，就是我们今天常提的"道义"。它是中国传统道德的"五常"之一，也是古人与人相处中使用频率最高的一种道德规范。义，繁体字写作"義"，由"羊"和"我"两字构成。在后来的形变中，"义"作为一种道德规范，含义十分丰富。对"义"的道德要求进行系统论述的是孟子。《孟子》一书中，使用"义"字108次，将义作为人的立身处世的根本。自孟子后"义"开始成为中国人道德生活的基本规范，影响至今。

谈"义"，必然绕不开"利"，"义利"是中国传统文化中无论如何都绕不开的道德话题。孟子把"义利"问题谈得十分透彻。

孟子对"义利"孰轻孰重，如何把握进行了详细的说明，明确提出"重义轻利"。那么，在我们的人生中该如何来行"义"呢？

（1）"义"为宜，是一个人适合做的、应当做的事情

古人多以"宜"来解释义。事得其宜之谓"义"，"义者，事之宜也"，而"宜"在古代就是应当的意思。面对一件事，采取最为适宜、恰当的行动，做出最为合理的反应，便是"义"。当我们看到歹徒正在行凶，当事人生命受到威胁时，挺身而出，采用一定的行动加以阻止，这就

是"义";否则就是不义。"义"的要求超越个人的利益的考量，关注的是应不应该，而不是个人利益的大小。一旦考虑了利益的大小，那就是利在"义"先了。

（2）"义"要求做出的行为，是一个人在特定环境下应该做出的行为，这种行为本身应当是以对是非善恶的正确判断为前提的

我们现在生活中流行一个词叫作"讲义气"，但古人早就说过，"义"的道德要求一定不能违背善，"夫义者，所以限禁人之为恶与奸者也"。朋友的正当需求，我们当然应该倾力相助，但如果朋友想做的事情是违法或不道德的，我们更有义务维护道德和法律的尊严。孟子说："言不必信，行不必果，唯义所在"，我们遇到的所有事、许给别人的所有诺言，都不一定是必须履行的，关键是看这些事情和诺言是否符合道德和法律的要求。"义"要求的是做好人，而不是做一个为了所谓"义气"敢于作奸犯科的愚人。

（3）"义"的要求内容是因人的身份、职业不同而有所不同的

所谓"义"者，"为人臣忠，为人子孝，少长有礼"。前面两条已经说过，现在重点讲述"少长有礼"。在古人的传统道德规范中，"待人以礼"是相当重要的，对任何人都应该以礼相待。尊师重教就是其中之一的礼，也是中华民族的传统美德。

（三）君子怀德

在中国传统文化中，君子人格是每个人都可以通过修德获取的人格，君子境界也是每个人都能到达的境界。仅仅从人格来讲，具备前面所讲的美德就是"内圣"；但只有具备隐忍、知耻、无私，才可以做到"外王"。

1. 隐忍

中华民族是一个极具坚忍力的民族。无论佛家、道家还是儒家都对"忍"情有独钟，都认为"忍"是成大事的一种必备美德。儒家特别看重

"忍",《论语》中多处记载孔子论"忍"。他说:"小不忍则乱大谋",意思是小事不能忍让,就会破坏大事情。中国传统典籍中有很多关于"忍"的论述。中国民间对"忍"的理解更是别有趣味。

2. 知耻

对于知耻,我们应该明确以下三个问题。首先,知耻必先知善。中国古人很重视独立人格的培养,认为人人都有自己的价值,都有行仁德的能力,强调"人人有贵于己者"。我们以礼来节制自己,以广德之心为人处世,就会成为正直的人。

没有高尚品德的人只会为自己的个人利益算计,不会感到羞耻,所以一个人需要努力做到心怀坦荡、严于律己,知道什么是"善",方能知什么是"耻"。在此基础上,才可以做到言行如一。

其次,知耻必先自知。知耻需要发自内心,需要主动进行;知耻需要做好自己的权衡与选择;知耻需要认识、了解自己。看清楚自己,认知自己的优点和缺点,了解自己的责任与位置,这样才能知道"耻"的内容,勇于改正问题。

最后,知耻后必有行动。我们常说"知错要改",知耻后也一定要有相应的行动,停留在心中的"知耻"是于事无补的。

3. 无私

儒家从天人合一的思想中总结出"无私",它是道德中的重要组成部分。《道德经》用辩证法的思路指出,"非以其无私邪,故能成其私。"意思是:只有你"无私",才能获得"自私";只要你"无私"了,"自私"自然不请自来。在中国人的心灵深处,"无私"历经千百年的发展,已经成为传统文化的一部分。

总之,中华优秀传统文化的本质包含民族精神,它协调、推动民族的生存和发展,是一个民族凝聚力、创造力的表现,也是一个民族生存发展的核心基础和灵魂。优秀传统文化与民族精神相互交融,密不可分。

民族的伟大复兴需要优秀传统文化的支持，优秀的传统文化可以传之久远，让我们民族更有底气和信心，可以提升我们的思维能力。

中华优秀传统文化在世界文化中独树一帜，它对整个世界文化的发展也产生了重大的影响。高校青年学生作为发展中华优秀传统文化的主力，必须相信优秀传统文化的力量，充满自信，以昂扬的斗志推进事业的发展。

第四节　中华优秀传统文化的影响力

国内外众多民族长久、共同发展出很多优秀的文化，和其他民族的文化一样，中华传统文化是属于全人类的财富，具有独特意义。

一、中华优秀传统文化的传播

中国历史文化博大精深，丰富的科学、文学、艺术、军事、政治等成果传播到国外，与国外交流的同时，从无序发展为有序。近代的落后不能全盘否定传统，中华优秀传统文化始终是世界优秀文化的一个组成部分。

新加坡借鉴了中华优秀传统文化，将其融入社会发展中，提升了总体文明程度。现代性是传统文化的一个因素，有积极意义。我们不能全部否定传统，而应该懂得扬弃，让文化在重新认知和磨合中焕发出新的光彩。

今天的世界东西方思想碰撞摩擦，在这种形势下，我们应该尊重文化的民族性。建设中国特色社会主义先进文化需要发扬"中国风格""中国气派""中国特色"。弘扬优秀传统文化也需要我们把继承与创新相结合，这样才能让优秀传统文化欣欣向荣，繁盛不息。

二、中华优秀传统文化对亚洲的影响

在整个中国古代，中华文化一直推动亚洲文明的演化与发展。比如朝鲜文化，它深受中国文化的影响，自古以来，中朝之间物质文化交流促进了思想的交融。在中国文化的影响下，朝鲜出现诸多儒学名人。

中国文化对日本文化的影响根深蒂固，从古代开始，中国的文学、艺术、美术、哲学等传入日本。但是日本史料对此记载较少，我们可以在中国史书中找到根据。

中国文化对日本文化的深远影响体现在以下几个方面：

首先，日本文字起源于中国。日本文字是由中国汉字经过发展而形成的，与汉字有很多相似之处。

其次，日本在体制等精神方面一直在仿效中国。日本一些编年史等体裁的书籍学习中国的史书，在君臣观念、正统观念等方面受到儒家传统的深刻影响。

最后，佛教作为中国文化的一部分被传入日本。日本受到佛教的影响很深远，将中国文化、文学、工艺等带入日本，这些深受日本人民和广大佛教徒的尊敬。

三、中华优秀传统文化对东南亚国家的影响

在东南亚，很多国家的文化与中华优秀传统文化有着深厚的渊源。我国与越南、泰国、马来西亚、缅甸、柬埔寨、印尼、文莱等国家保持着友好的关系。越南和泰国的礼俗就是受到了中国传统文化的影响，菲律宾的饮食和新加坡的生活习惯等都或多或少有着中国文化的影子。儒家思想

在其国民教育中扮演着重要角色。

我国古代航海事业的发展有利于我国和世界各国建立友好往来，唐宋时期，对外交流较多，东南沿海的人们向东南亚流动，对文化的传播起到一定辅助作用。

四、中华优秀传统文化对西方的影响

首先，古代器用技术对西方产生广泛影响。从公元 6 世纪开始，中国的四大发明传入欧洲，中国的瓷器、丝绸、养蚕等在推动西方文明发展方面起到了关键作用。可以说，中国古代科技在一定程度上开启了西方近代文明。

其次，中国园林艺术对西方产生了深刻影响。每一种艺术形式都包含了独特的结构特点，中国园林艺术具有很大的魅力和极高的欣赏价值，它代表着中国精神和气质。欧洲很多国家学习和借鉴中国园林艺术，这种艺术形式影响了他们的生活方式和情调。

此外，中国的文学作品在欧洲有一定的影响力。在欧洲很多国家的剧作家眼里，中国戏剧有劝善的作用，中国小说、诗歌、戏剧被翻译成英文和法文等，传播中国思想。

最后，中国学术思想对西方产生深远影响。西方人从 16 世纪开始翻译儒家经典，将儒家经典翻译为拉丁文和法文，传入欧洲。

欧洲著名思想家伏尔泰等深受中国哲学思想的影响。德国哲学思想受到中国哲学的深刻影响，德国哲学家莱布尼兹曾针对欧洲文明中心论，努力为中国文化辩护。法国重农主义经济学家认为，中国实现了道德理性化。康德和费尔巴哈的哲学思想与中国儒家人本主义在逻辑上是一致的。然而，黑格尔否定了中国哲学和文化，这说明欧洲文化在启蒙运动之后踏上了近代历程，中国文化对西方的贡献渐渐被西方人忘记。

五、理性看待中华传统文化的世界影响

一方面，中华传统文化具有世界性意义。作为世界文明进步的一部分，中华传统文化为中国和世界各国的发展贡献了很多力量。中华传统文化包含儒学世界观中的人道主义思想、道教顺其自然的道德观等，这些理念蕴含着巨大的魅力与强大的力量。

当今社会，人们的生活越来越世俗和功利，物质文明和精神文明没有做到同步发展，因此精神追求缺失，人的精神世界空虚，人与人之间的关系冷漠、势力。经济建设飞速发展的今天，中国的文化建设明显处于落后状态，关注伦理和人心的优秀传统文化可以为现代人走出困惑和迷茫提供智慧启迪，指导人类文明发展。

另一方面，一个民族的文化是世界文化的一部分，当今世界进入高科技信息时代，各个国家、民族间联系日益密切，我们不能闭关自守，需要立足国家，放眼世界，开拓一条有中国特色的现代化道路。

世界文化这个整体和不同民族文化的分支之间是对立统一的关系，共同为人类文化发展涂抹绚丽的色彩。不同民族的文化具有不同的智慧与闪光点，中华文化也应该取长补短，提升文化性格，紧跟世界发展潮流，拓宽视野，走向世界舞台。

总之，以国为家、家国一体、先国后家，是中国传统文化的重要内容。学习中华优秀传统文化可以帮助青年培养"天下兴亡，匹夫有责"的情怀，对国家统一、民族团结、民族发展具有长远意义。在为实现"中国梦"努力奋斗的道路上，每一位青年学生都需要以国家繁荣为最大光荣，增强对国家的认同意识，培养爱国热情，树立对本民族的信心，做自信、自尊、自强的中国人。

儒家以"仁"为思想核心，以"义"为价值准绳。"仁爱共济、立己达人"是儒家思想中非常重要的价值观念和道德追求。孔子认为，他人和自己不能分割，只有每个人把自己的事情做好，整个社会才可以好。当代

大学生需要学习中国传统文化中"仁爱共济，立己达人"的道德思想，做一个讲文明、有素质的中国人。修养人格是儒家思想的重要组成部分，讲人格修养，首先要讲"正心"，就是修养自身的品性。"正心"的关键在一个"正"字。正就是端正，端正内心的同时坚持一心一意，在做人和求学的过程中坚持"笃志"，持之以恒、坚持不懈。"正心笃志"和"崇德弘毅"在今天指的是心理素质的陶冶和培养，这对年轻人来说很有意义。当代青年学生要在明辨是非、遵纪守法、发奋图强的基础上自觉弘扬优秀传统文化，形成良好的道德品质，做守诚信的中国人。高校有责任把大学生培养成知书达理、讲理知仪、文质彬彬的接班人。

第五节　文化、传统文化和中华优秀传统文化的关系

一、文化、传统文化和中华优秀传统文化的不同

（一）时代性

社会在不同的时代具有不同的特点，它的产物——文化也具有时代性。

社会在发展进步，各种新文化形式不断出现，无论多么丰富，主流传统文化的地位不能动摇。传统文化必须与时俱进。生活中处处可见传统文化的痕迹。比如，民间故事、历史传记被制成影视剧；综艺类节目结合中华优秀传统文化，用不同的形式呈现；学校开始重视国学经典的教育。从娱乐休闲到正规教育，从低龄学童到高素质人群，传统文化展现出时代性，渗透到社会的方方面面，让很多人体验和领悟到传统文化的精华。

中华优秀传统文化是中华民族的精神标识和特有的思维方式，它为

中华民族伟大复兴提供精神动力和智力支持。优秀传统文化集合了传统美德、人文精神等积极因素，作为高校教育管理工作者，我们需要正确对待传统文化的优缺点，努力实现优秀传统文化的创新型发展，为社会主义现代化建设和发展提供精神养料。中华传统文化具有包容性，随着社会的发展还需要具有世界性，从而具有当代性和现代性，这样才能最大限度地发挥中华传统文化的力量。优秀传统文化的传承需要适应时代发展，与现代社会相协调，在扬弃和创新中推动社会的发展，成为解决实际问题的文化，让民族精神发扬光大。

（二）民族性

一个民族的特质包括其独特的价值观念、思维方式、精神追求等，这些从文化中可以反映出来。文化的民族性展现出该民族的风格和气派，它让一个特定的民族与其他民族不同，表现出特有的文化心理和文化结构，具有超越时空、地域的意义。

文化的民族性在历史进程中沉淀、稳固，具有相对的稳定性，同时不断更新和发展。因此，在考察传统文化的过程中需要关注文化的连续性，肯定本民族文化的历史内涵，不能割断历史，不能用片面的眼光看文化。我们需要保持文化的民族性，传承传统文化的优良品德，解决好面临的问题，正确理解其价值。

中华传统文化的形式与内容在继承和发展中不断革新，但有一些基本价值观念是不变的，比如爱国主义思想、自强不息的精神和兼容并包的胸襟等。中华民族精神孕育于中华传统文化之中，反映了民族特有的民族性，体现了民族的气派和风格。

在当今时代，各种文化和思想的碰撞对各个国家的文化和思想产生影响。我们应当维护中华传统文化的民族性，努力发展中华传统文化的民族性，合理运用中华传统文化资源。

（三）群众性

文化由人类创造，包括衣、食、住、行、文等，文化的群众性可以反映出群众的声音，为大众服务。

传统文化中既有精华，也有糟粕；既有群众性的优秀文化，也有脱离群众的糟粕部分。摒弃糟粕部分，传统文化中具有群众性的部分就是优秀传统文化。中华传统文化本质上就是一种关于人的学问，深刻影响着中国社会。传统文化尊重人性，关注人和伦理道德，提倡严于律己，实现价值。

从秦朝以来，集权的封建专制制度历经两千多年，中国文化多元发展，各民族文化互添活力，增强了中华传统文化的凝聚力和生命力。中国人提倡"天人合一"，在人与人、人与事物、国家与民族的关系中追求"和"。在"和"中实现国家的进步以及个人的幸福。对"和谐"的追求，体现出优秀传统文化对"和而不同"的认可，这就是对人民意愿的尊重，就是群众性的体现。

（四）创造性

精神力量可以转换为物质力量，进而产生更大的影响，精神力量对个人的成长发展、对国家的繁荣进步起着举足轻重的作用。

中华优秀传统文化是中华传统文化的精华，在很长一段时间处于世界领先地位。诸子百家的典籍、唐宋文人的诗词等，都是人类创造的优秀文化成果。中华优秀传统文化属于中华传统文化中具有活力的部分，充满创造性，不断适应社会的发展，成为中华文化的瑰宝。

二、文化、传统文化和中华优秀传统文化的联系

（一）主体相似性

文化、传统文化、中华优秀传统文化之间最大的联系就是主体相似

性。文化核心是人。传统文化、中华传统文化也这样，人创造文化，也享受文化，同时受制于文化。人始终是文化、传统文化、中华优秀传统文化的创造者、享受者、变革者。

（二）时代联系性

文化在经历时间的沉淀之后才被称为传统文化。不是全部的传统文化都值得传承和弘扬，"取其精华，去其糟粕"，才有了阐释中国道路与制度、凝聚中国力量的中华优秀传统文化。

（三）长久性

文化、传统文化、中华优秀传统文化对社会的影响都是长久的。相对于现在来说，传统文化是已经发生和存在的，是长久的。中华优秀传统文化是具有中国特色的优秀理念、传统、人文情怀的集合，展现出中华民族独特的思维意识，它的影响更为深远。在当代，中华优秀传统文化是建立在坚持和发展中国特色社会主义理念之上的。

（四）创新性

从背诵古代诗词到学习孔子、孟子的观点，我们一直在学习中华传统文化，如今的大学生不仅学习和了解了本国的文化，还开始涉猎其他民族的文化。这时，我们已经不是通过肤色、外貌来理解一个民族，而是通过语言、文化进行辨认。

中华优秀传统文化是经历磨难和沉淀形成的，我们如果想实现超越和新的构建，必须遵循科学方法，反思当下，努力实现转型。优秀传统文化经过革命、建设、改革被传承和弘扬，如今，运用优秀传统文化治国理政，将其提升到新阶段。

第六节　中国传统文化与当代大学生心智结构的关系

人之所以区别于动物、植物、其他一切自然存在物，人之所以能从自然界中独立出来，人之所以成为人的根本所在，正是由于人创造了文化。人在劳作实践中创造了文化，文化也就会成为人与其他动物、植物、自然存在物等相区别的、独特的本质特性。人创造了文化，也即人作为文化的创造者，主体是人，客体是文化，若没有人，也就没有文化。

人创造了文化，文化与人的起源是相伴而生的。没有创造出来的文化，人就不可能摆脱自然链条，不可能与动物相区别，也就不可能成为真正的人、成为完整意义上的人。因此，可以说没有"人"也就没有"文化"。人和文化之间的关系是紧密相连的，是无法分割的。文化是人的文化，人是文化的人。什么国家民族的人就有什么国家民族的文化，而这个国家民族的文化会占有这个国家民族的人。因此，在对人进行研究的时候，就必须从本民族文化的研究入手。

心智结构就是文化—心理结构，心理就是人的内在心智状态，文化就是表现出来的存在的样态。心理塑造了文化，即原始的心理状态塑造了中国古代传统文化，中国传统文化在先秦成立之后又塑造了中华民族的内在心智结构，并且这一内在心智结构也已经成为中国人思维与行为不自觉的方式、模式。心智结构是人类所特有的。在人类的实践活动中，人类不仅创造、发展和积累了物质文明，也创造、发展和积累了精神文明。精神文明包括物态化的作品和人的心智结构状态。从内容方面来说，人的心智结构状态是具体的、历史的，随着时代、社会、阶级而具有自己独特的内容；从形式方面来说，人的心智结构状态会凝聚、内化、积淀为一种"结构成果"。心智结构就是指这种"结构成果"。

一、中国传统文化的精神特质

中国传统文化当中，最高的概念是天：天帝、天道、天命。天就其存在而言，谓之帝。

天就其存在的一切规定性都出自天而言，谓之道；天成为万事万物得以遵循那样的一个规定者而言，谓之命。所以，天帝、天道、天命都是天的不同的作用、不同的属性。何谓之天？天不是所谓"苍穹"。

儒家，从现实的社会制度、整个社会伦理生活内容与形式的统一角度来谈。什么是"文质彬彬"？做人之为人的本性，包括自然本性和伦理本性，这个本性与伦理行为作为形式，伦理本性作为质，礼仪形式作为文，二者恰到好处。所以，儒家从教化的角度，要使整个人类及人类社会都达到文质彬彬这样一个君子状态，它以这样的教化目标、教化宗旨和教学实践活动及里面的"风、赋、比、兴、雅、颂"之六义；"礼、乐、射、御、书、数"之六艺，来造就人的这样一个文质彬彬。从这样一个角度出发，从这样一个社会伦理生活的、社会伦理制度的文质统一的角度出发，特殊强调了先民天道观念中，所内在包含着的社会伦理意义。儒家学者把社会伦理原理、社会伦理形式以及人道生活内容看成是形上本体的最高存在形式和最具体存在形式。怎么样建构社会伦理的形式原理？那就是要在人的社会伦理生活中，在人的日常生活的基础之上，来把握和实现那个作为最高的"本体""天道"，来实现"天道"、把握"天道"。这是儒家根据其自身的经验，从社会伦理作为内容与形式的统一的角度出发，强化了天道的社会伦理意义，将形而上之学奠基于人的社会伦理生活的基础之上。儒家学者认为万事万物都是由一个统一的"天道"自我发展而来的，所以他讲"天命之谓性"。"天道"作为万事万物统一性基础，首先也就决定了万事万物在其本源处、开端处，本来就是同质同价而千差万别性，千差万别的事物无非是同质同价的天道本体自身在时间性中的不同发展阶段。

人的社会伦理规定性最充分、最直接地体现天道本体的本性、内容、实在性。以此为基础，人以天道本体为根据，实现人的超越性发展，必要条件和直接途径就是人的社会伦理生活，人的社会伦理生活是实现人的超越性存在的必要条件。所以，在儒家学者看来，要做圣人，也就是超越性的人，就要过一种社会伦理生活，按照社会伦理规定来安排人生、实现人生。

道家，从自身的历史经验中，发现了把任何具体的有限规定性当成"道"的时候都是有局限的，发现了有形存在的有待性，他从自己的历史经验中看，说针对他做的策略安排挺有效，然后你说这就是好的，拿到别的地方用，失败了。所以，什么好的、坏的、善的、恶的，现实中可规定的事，一到它的最高的形上本性的时候，都不成立了，都不合理了。所以，道家从他的历史经验中，发现了具体有限之物的有限性，在此基础之上去追寻作为万事万物统一性基础的那个道应该是什么样。所以，道家在自身经验的基础上，发现了有形存在的有待性之后，突出强调了形上本体之道的基本属性。形而上之道的基本属性是什么呢？就是无任何具体规定性。所以，基本属性是"无"，道是"无"。所以，道家学者在对先民天道观念加以利用、加以整合的过程中，形成自己的形而上学原理的时候，特殊强调的是道的属性是什么的问题。

道家思想对人有一个作用：有解心宽的作用，有心理治疗的作用，也是自我调节不和谐的作用。由于道家文化提供给我们的就是在心理上实现我们超验性的条件，不要把它当成解决真实事物的矛盾性的理论基础，它达不到这一点。道家学者在建构超验性原理时候的思路、思维方式，以及这种思维方式下建立起来的超验性原理所形成的、达到的成果和所带来的局限性，这样的一个超验原理，它提供给我们的，人作为超验性存在的必要条件，那就是心理境界的必要性条件，可能性途径也是心理的自我超越性途径。它带来的弊端体现在根本的哲学问题上和文化效应方面。它的出发点是一个二元分裂的出发点，它的文化效应会导致人们把心理矛盾的解决等同于现实矛盾的解决，所以会导致人们所谓的出世，这所谓出世并非道家学者自己的主观要求，而是文化带来的一种效应。

法家，从社会政治活动出发，凸显了原始天道观念中的政治学的意义，强调了政治活动、政治文化对人生、对形而上学体系来说的不可或缺性，并且法家把它强调到最高的程度：政治、法律、制度、奖善罚恶，这才是天道的最高表现、本来形式，所以，把它看成是最高的环节。阴阳家，以自身的经验，以自身的学识内容，从天地阴阳演化历程观察的角度，强化出了天道存在的基本力量和构成要素，以及基本力量和构成要素的不同形式、不同数量关系对万世万物的影响。天道作为一个有机的最高存在，它有一个什么样的基本力量？它有一些什么样的基本构成和构成要素？这些基本力量如何组合，不同数量、不同要素之间的数量关系的不同组合对万事万物有何影响？阴胜阳如何？阳胜阴如何？阴胜阳一点对事物影响如何？金木水火土五行，它们之间的配伍关系不同，对事物的影响会有什么不同，所以这是阴阳家做的事情。

所以，从这样一个角度来说，诸子百家都是对统一之道的不同方面内容的片面强调和说明。那么，从这样的一个角度来说，诸子百家里谁能担当得起天道观念的整体性的那样一个内容和意义？谁也担当不起。那么，整个中国的天道观念不在道家中而在道家中，不在儒家中而在儒家中。整个的天道观念就在诸子百家的有机统一中。所以，这样一来，天道不能不是一个儒家的社会伦理，不能不是道家的无之为无的基本属性，不能没有墨家所强调的人的自然性的功利原则。

二、当代大学生的心智结构与中国传统文化成正相关

中国思想的发展是一个历史性的问题，历史是逻辑存在的本体；逻辑是历史自身发展的一个原则，这个原则是指事物自身存在的道理原则和

条理规定。心理与文化的辩证法，就是中国哲学发展的内在逻辑。心理既是前提也是归宿，文化是为心理服务的，一切人文活动都必须为人的生存服务。如何把握人的基本矛盾就构成如何理解哲学基本问题的前提基础。人的基本矛盾有三对：灵肉矛盾（内外矛盾）、时间性矛盾（昨日之我、今日之我、明日之我历史统一性的矛盾）、空间性矛盾（人人关系、人物关系）、人的时间性、空间性矛盾最终都根源于人的灵肉矛盾、内外矛盾。人的内在方面表现为人的心理；外在方面表现为人的文化。所以，心理与文化的矛盾是人的现实性的表现。人的内外矛盾作为人的基本矛盾，就其现实性来说，是心理与文化的矛盾。这个矛盾就成为哲学基本问题的本源性基础。

所以，当我们用这两个观念的相互关系来说明一个思想、一个观点的时候，需要对这两个概念作清晰的界定。文化的概念是灵肉一体，我们人是一个灵肉统一体。那么，整个宇宙就像一个人一样，整个世界也就是一个灵肉统一体。陆九渊称："宇宙内事乃吾分内事，吾分内事乃宇宙内事。"吾身与宇宙是一体的，所以结论："吾心即宇宙，宇宙即吾心。"先从事上看，吾分内事就是宇宙内之事，没问题；宇宙内事即为吾分内事，也没问题，宇宙是所有东西都包容在内。我们的思想、我们的境界支配着我们的行动，而不是我们的行动支配着我们的思想。所以，吾分内之事就是宇宙内事，吾分内之事由吾心之主宰，故："吾心即宇宙，宇宙即吾心。"这样一个思想恰恰表明了中国古代传统哲学中的最基本的观念——人是宇宙的最高环节、万物之灵。而人之成为万物之灵，不以其肉，而以其心；不以其才，而以其智。所以，心、精神成为宇宙万物当中的最高的环节。所以，灵，它不仅仅是宇宙自身的内在约束，同时它又是这个约束当中最高的环节、能动的环节。

第七节 如何传承中华优秀传统文化

如何传承中华优秀传统文化值得我们思考和研究。在正确看待文化融合与矛盾的基础上，我们需要客观评判生存困境，同时，我们需要从精神家园的建构角度科学对待和传承中国传统文化。

一、努力构建文化关系的新模式

处理好主流与多元、"一"与"多"的关系，有利于我们构建文化关系新模式，这是传承中华优秀传统文化的逻辑前提。

发展主流文化的同时不能忘记倡导多元文化共存的发展道路，科学处理"一"与"多"的辩证关系，坚持唯物辩证法的观点与原则，允许其他外来文化与之结合，共同发展，统一起来。与此同时，我们既反对文化专制，又反对文化自由，要增强主流文化凝聚力和领导力。

中国文化发展的科学之路是构筑文化关系的新模式，在民主革命时期和社会主义政权巩固时期，人们需要斗争的理念。现在的"和谐"理念正是文化在改革开放中考虑中国国情的前提下所做出的理性选择。

传承中华传统文化首先需要合作互动，在不同文化的和谐统一中巩固社会主义文化的主导地位。在具体实践方面，中国文化需要包容差异，整合多样性文化，达到巩固社会主义文化主导性的目的。

在努力构建文化关系的新模式中，我们需要在全社会确立社会主义文化的先进性和主导性，从不同社会需要出发，做出文化宣传的层次性判断，不能太过理想化。

二、科学地对待各种社会思潮

社会发展必然带来文化领域的多元化，为了更好地传承和发展中国传统文化，我们需要遵循唯物主义历史观，丰富和更新文化内容。正确处理多元文化之间的关系，全面掌握文化基础，科学合理地看待各种社会思潮。

在复杂的文化领域，我们必须以马克思主义为引领，发挥其在社会中的思想整合功能，根据社会实践的变化及时调整，保持社会主义文化的先进性，改变阶级斗争的思维，关注人的价值，反对"左"和"右"的错误。

一般意义上，我们认为社会思潮反映了一定阶级利益，具有一定影响力，有比较系统的体系。[①] 我们需要保持文化自觉性，客观对待多元社会，科学地处理好复杂的文化问题，正确看待社会思潮。

一些社会思潮具有反马克思主义的特点，试图瓦解社会主义文化形态，争夺领导话语权，影响文化发展方向。因此，我们需要认清各种社会思潮的本质，理性看待它们，提高侦察能力，正确辨别不同社会思潮的本质差异。

多样性的社会思潮反映了学术性与政治性关系的统一。

理论一旦被掌握，能够变成物质力量，社会思潮通过理论优越性和学术求真性获得人们的认同，确立地位。人们必须用科学理论武装自己，看清楚文化现状，巩固马克思主义文化主导地位。

三、辩证对待中国文化传统

中国文化传统具有丰富的思想精华，指导我国文化的复兴。传承与

---

① 解松.社会思潮与我国国家意识形态安全［J］.江南社会学院学报，2008（12）：5.

创新之间的辩证关系需要在发展和弘扬中国文化的过程中处理好。

在中国文化的传承和发展之中，我们不能全盘否定，也不能认为中国文化传统很完美，没有任何不足，既反对历史虚无主义，又反对国粹主义，辩证看待问题，客观面对现状，不带有偏见。

对中华传统文化需要批判地传承，因为它本身就是一个庞杂的体系，正面与负面因素同在，所以需要在正确的方向指导下，运用科学方法，推动文化前进。

四、积极弘扬民族精神与时代精神

优秀的民族精神可以增加人们的归属感和自豪感。中国文化的价值观念和精神为我们民族提供了独特的精神气质，是安身立命之本。

我们需要发扬中华传统文化中的优秀思想，构建中华民族共有的精神家园，让中华传统文化成为民族性格，融入民族血脉，创新传统文化，与此同时，弘扬传统文化与创新不冲突，传承传统的同时，不忘吸收新的内容，保持文化的与时俱进。

第一，要取其精华，去其糟粕

中华传统文化当中有许多封建文化的糟粕。这一点也不奇怪。因为，中华传统文化在很长的时期是在封建社会的母体内发展、演变的。历代以来，中国的封建统治者为了维护其统治，拼命地把中华传统文化作为救命稻草，对中华传统文化进行改造加工，对老百姓实行文化愚昧和文化统治，使得中华传统文化，尤其是作为其核心的儒家文化，里边有许多理论是为封建统治服务的，需要我们认真地进行识别。

第二，要以立德树人为根本目标，用文化来育人

中华传统文化关注立德树人。总的来说，不同于近代西方关注知识和专业技能的教育，中华传统文化一向以"立德树人"为宗旨。今天，我

们需要抓住教育的关键问题与急需解决的矛盾。将德育、育人与文化学习相结合，把学生发展与德育相结合，让学生深刻体会到我国传统文化的内涵，同时解决他们发展中遇到的具体困难。

第三，要寓教于乐，在体验中学

文化教育应该让学生在体验中学习，寓教于乐。文化不是一个独立存在的学科，各种知识中都涵盖文化的方方面面。

在教育过程中，教师要通过切实体验，表现出积极的文化精神，学习中华传统文化不仅依靠课堂讲授，而且需要在社会实践中进行。

第四，要立志传承、创新中华优秀传统文化

学习的目的是传承，传承的目的是发展和创新。传承与创新密不可分，我们在前面也提到，传承中有创新，创新中不忘传承。

第三章

中华优秀传统文化与高校学生文化自信

第一节　高校学生文化自信的现状

文化自信是我们的民族之钙。但是，大部分人不能高效吸收文化自信的营养，特别是当代青年，他们深受外来文化的侵蚀，不懂得文化自信的来源，对自己的文化热情不高。因此我们需要充分认识文化自信的精神来源，排除阻力，建言其未来发展。

根据心理学的表述，"自信"是个体对自己价值、能力完成正向评估之后形成的一种相对稳定的人格特征，是个体对自己的积极肯定和确认，它是多维度、多层次的。在文化领域，文化自信表现为对自身文化传统、特征、价值、影响力和发展前景的肯定和认同。一方面，文化自信来源于文化自觉。人只有在清醒、深刻地把握自身文化定位和发展方向的前提下，才能实现文化自觉。另一方面，文化自信来源于文化认同。只有充分认可文化价值方向和现实意义才能做到。除了以上两个方面，在实践基础上传承、践行、创新自身文化也是文化自信的一种表现方式。可以说，文化认知、自觉、领悟、认同、承创等都是文化自信的一部分。

一、文化自信的三大来源

民族自信是文化自信的关键。在中国，习近平新时代中国特色社会主义思想里面的文化自信延传华夏文明的基因，不断推陈出新。这表现出我们对先辈文化的推崇，也体现出对传统文化精髓的认同。文化自信来源于中华优秀传统文化自信、中国革命文化自信和社会主义先进文化自信。

（一）中华优秀传统文化凝聚着前辈先人的思想精华

习近平总书记曾说："优秀传统文化是一个国家、一个民族传承和发展的根本，如果丢掉了，就割断了精神命脉"①。中华优秀传统文化经过考验，随着社会的发展被赋予新的内容，是时代的精髓。中华优秀传统文化具有扎实的基础。千百年来，中国人在传统文化的指导下"修身、齐家、治国、平天下"。我们对中华优秀传统文化持有敬仰之情，成千上万次实践的检验让我们更加坚信优秀传统文化的理论意义和实践价值。

（二）中国革命文化留存着先辈烈士宝贵的精神品质

二十世纪以来，我国小农经济受到外国资本主义的入侵，自给自足的经济形态被破坏。从戊戌变法到辛亥革命，从新文化运动到新民主主义革命，经历了一系列事件之后，文化价值观念经历多次变迁和发展，我国当时时代的主题是救亡图存。

革命是近代中国的时代特征，毛泽东思想在中国革命文化中发挥了非常重要的作用。中国共产党科学地运用马克思主义理论，将理论与实践相结合，形成一套科学的理论体系。井冈山精神、长征精神、延安精神、西柏坡精神等都是广大革命先辈从艰苦的环境中历练出来的坚毅品格，时

---

① 习近平.习近平谈治国理政（第2卷）［M］.北京：外文出版社，2017：313.

刻提醒人们不怕困难，勇于锻炼自己。

中国革命文化反映了当时的社会形态，为今天的社会主义现代化建设保留下一笔宝贵的财富，革命先辈的品质和精神为我们弘扬文化提供了优秀的条件和基础。

（三）社会主义先进文化彰显着当代人的价值追求

先进的文化是文化自信的依据，民族精神和时代精神彰显了先进文化的特征。新中国成立之后，我国逐渐探索社会主义文化的发展方向，对外来文化渐渐采用开放欢迎的态度，从外来文化中取长补短，互相借鉴。比如20世纪80年代"百花齐放、百家争鸣"的文艺方针等。中国共产党一直坚持两个文明一起抓，注重文化建设。在20世纪90年代，我们党提出建设中国特色社会主义文化，党的十七届六中全会提出文化强国战略部署。

二、当代大学生文化自信现状分析

（一）西方意识形态对大学生思想观念影响较深

不同国家人们之间的交流随着经济全球化日益密切。比如在我国，人们在物质生活富足的基础上，开始提高对精神世界的追求。由于受到传统历史观念的影响，本土文化无法细化到中国人个人生活细节当中。虽然大部分中国人对本土文化持尊重态度，但是很多人总觉得国外的产品比国内的好，想尽办法购买进口产品，这反映出我们的文化自卑。这些例子在生活中比比皆是，比如对苹果手机的追捧、对洋快餐的喜欢和推崇、对国外不同节日的追求等。另外，当代大学生受到西方思想的影响，在性观念方面越来越开放，认为这是对自由的合理追求，这些观念明显受到了西方自由主义、个人主义的影响。我们虽然对主流意识形态表示肯定和支持，但在实际行动中没有贯彻和落实，我们的价值判断和选择仍需端正。

（二）当代大学生对本土文化的热情度不高

国内大部分青年学生对历史文化的态度还是比较尊敬的，但缺少具体了解的热情，认为优秀传统文化代表着古老、刻板、典雅、端庄等，或许有些过于沉闷和束缚。所以，年轻人在内心深处多少有些抵触，对本土文化兴趣不大，热衷于对流行文化的追求。

根据专家对高校青年学生的调查，62.22%的大学生对中国传统文化兴趣一般，6.67%的大学生居然认为传统文化迂腐过时，对其基本没兴趣和热情。只有17.78%的人觉得有兴趣深入了解。由此可见，当代大学生对传统文化的认同、兴趣不太高，为什么会出现这种情况呢？这个现象也反映了当代青年心理认同感与传统文化表现形式的矛盾。传统与当代结合得不太紧密，形式单一，导致青年学生的热情不高。那么如何把优秀传统文化发扬光大呢？这与文化自信成正相关的关系，当代青年面对的这个问题实际上也是历史对时代潮流的一种摸索和拷问。

（三）当代大学生对文化自信理论来源了解不深

新时代，人们对于"文化自信"津津乐道，但是如何表述这个概念准确的内核，很多青年学生还一知半解。大部分青年大学生对中国文化自信只停留在泛泛而谈的层面，虽然对主流意识形态持支持态度，但是涉及具体知识课程，如思想政治修养课、形势与政策课等，他们尚未真正接纳，仅为了选修学分而学习，效果差强人意。

从一定程度上说，高校青年学生的思想理论品格尚未达标，本质原因在于对传统文化的内涵理解不够深刻，不能深入探索与领悟，缺乏心系天下的匹夫精神，只是为了完成任务而敷衍学习。当今时代在文化自信方面是欠缺的，推崇文化自信是时代的要求和发展的需要。想有底气地做好中国人，必须对我国的传统文化、革命文化、社会主义先进文化有深度的认知和理解。

三、高校青年学生文化自信发展方向

高校青年学生文化自信发展方向主要表现在以下两个方面。

（一）新时代高校青年学生对传统文化越来越肯定

中国传统文化是民族文明、精神、风俗的统称，反映民族的精神面貌。近年来，各大学注重传统文化进课堂，用不同方式表现传统文化，一些影视作品也加入传统文化的因素，赋予节目内涵，营造出大众学习的良好氛围。

汉字是活生生的民俗与文化，比如春联、"福标寿"字画、洞房里火红的"喜"字。出于提倡书写汉字、保护汉字的初衷，《中国汉字听写大会》通过听写形式帮助青年学生树立爱汉字、爱汉语的文化价值观。还有，"汉语桥"系列中文比赛学习汉语提供机会和平台，增加了不同国家人们之间的相互沟通和了解。

在中国饮食文化方面，近几年颇受欢迎的纪录片《舌尖上的中国》寓美食于情感之中，将美食与历史、情感、传统、文化相结合，展现了中国大地不同地域的美食生态，这是一个文化节目，通过美食表达出几千年来中国人对人生、世界的深刻思考与味觉审美。

一些反映优秀传统文化的纪录片、综艺节目等被大学生所关注，有利于让他们更加深刻地了解优秀传统文化，在真正意义上让大学生对中华优秀传统文化产生肯定和尊敬之情。

（二）新时代高校青年学生对中国文化产业越来越支持

中国动漫文化是最具影响力的青年文化之一，也是中国文化产业的代表。值得关注的是，近年来，《中国唱诗班》系列动画片以"诗乐启蒙"为基础，不断考证文献，努力还原历史，通过优秀的动画作品为青年们呈现出时代风貌的绘卷。

在国家引导、学校培养、政策激励之下，中国动漫文化鼓励大学生参与，发现人才，激活青年人的创造力，帮助青年学生树立文化自信，反映了高校青年学生对中国文化产业的支持。

第二节　高校青年学生文化自信的影响因素

虽然当今高校青年学生文化自信现状整体呈现良好态势，但是仍然存在一些不足，比如一些学生对国内传统文化了解程度不深，部分学生对高校青年学生文化自信现状持有悲观态度，这表明高校青年学生依然具有文化自卑现象，因此，我们需要深入分析相应的影响因素。

一、主观因素

（一）存在政治信仰迷茫问题

政治稳定与发展需要政治信仰的坚定，只有信仰正确，才能有认同感，提高自信心。政治信仰的迷茫反映出文化自信不足。

一方面，青年学生由于不够成熟，三观还没有完全确立，因此很容易受到多元文化的影响，伴随着改革开放，以及市场经济的进一步发展，一些不当思想和言论开始传播，网上鱼龙混杂，各种新媒体、自媒体发布的信息等让部分学生感到迷茫，他们开始怀疑，盲目跟从，导致政治信仰淡化、缺失。

另一方面，高校大学生对政治信仰的树立不够关注。虽然大部分青年学生在课堂上对马列主义、毛泽东思想等有过系统的学习，但是深入了解不够，不能真正体会到中国革命的艰苦与酸楚，因而容易出现困惑和迷茫。加上不同文化的冲突，培育文化自信难上加难。

（二）存在理想信念模糊问题

集中反映一个人的三观以及行为准则，对人的实际行为很有指导意义。因此，建立文化自信需要正确的理想信念来支撑。

这些年来，我国高校对大学生理想信念的教育越来越关注，在工作体系方面越来越完善。当代高校青年学生的理想信念总体来说是积极向上的。但层次不高，仍有很多高校青年学生的理想信念是模糊甚至缺失的。

首先，信仰认知模糊。部分大学生认为信仰无关紧要，可有可无，对待信仰没有明确的认知，态度模糊。其次，信仰选择多元化。伴随着互联网的发展，新媒体、自媒体的出现，人们的思想比较多元化。高校大学生有自己的主见，在信仰选择方面逐渐清晰。有研究发现，不同专业的大学生在信仰选择方面的表现是不同的。比如，理工类学生接触人文社科类知识较少，所以对马克思主义的信仰程度更高。最后，信仰教育存在问题。当前高校对大学生的信仰教育形式单一、内容枯燥，不结合实际，缺乏实践活动，学生不能发自内心地认可和接纳。因此，部分高校青年学生并不重视信仰教育，无法实现真正意义上的信仰教育。

（三）存在价值取向扭曲的问题

一个主体在面临问题、冲突、矛盾的时候所持的基本观点和立场可以反映出一个主体的价值取向。一个人的价值取向体现出这个人的基本价值观。价值观自信离不开文化自信，两者互为补充，相辅相成。所以，高校青年学生要树立正确的文化自信，必须要有正确的价值观。当前青年学生价值取向扭曲的问题主要反映在以下几点：

第一，重视个人利益，忽视集体荣誉。高校青年学生的价值选择具有矛盾性，从一定程度上来说，这是正常的现象，因为选择通常在自我性与社会性、利己与利他、个人与集体、奉献与索取的冲突中进行，在选择中出现矛盾具有必然性。但是如果大学生只关注个人利益，在面临利益选择时第一考虑个人而不是社会和集体，那么这样的价值观不利于青年学生的成长和发展。

第二，崇尚拜金主义，缺乏理想信念。因为理想信念的模糊和缺失，部分青年学生过多关注个人利益，看问题现实功利。青年学生的价值观念多少受到一些负面因素的影响，负面价值观对青年学生的学习、生活产生消极作用。

第三，追求实用主义，轻视自我修养。很多大学生受到功利主义价值观的影响，甚至成为"精致的利己主义者"。在入党方面，部分学生的入党动机不纯，为了考公务员或就业顺利而入党，不了解党员的基本责任和义务。在养成正确价值观的过程中，这种功利主义心理不可取。

（四）存在对传统文化认知不足的问题

中华优秀传统文化蕴含丰富的资源，是文化自信产生的基础，它创造了中华文明成果，是民族历史上道德传承、精神观念形态的总体，是中华儿女世代在实践中创造形成并发展保留下来的宝贵资源。五千年来，中华优秀传统文化蕴含着丰富的资源，是文化自信产生的基础。然而，部分大学生不理解传统文化的意义和价值，不注重传统文化的学习，因此不能深入了解传统文化，在价值判断方面出现偏差。随着中国和世界其他国家的接触越来越多，高校青年学生的认知内容更加复杂，迷茫和怀疑让他们不能做出正确选择。

二、客观因素

（一）高校青年学生传统文化的教育体系不够完善

1. 青年学生传统文化教育工作不足

当前，很多高校关注实用教育而忽略人文教育，大学里比较关注专业课成绩，以及就业方面的成绩等，导致学生的人文、精神教育较少，传统文化教育越来越被边缘化，在对传统文化教育的关注和重视方面，高校仍需加强。在教学成果的评价方面，忽略了对学生精神素质和思想品德的评价，英语、计算机等知识的学习时间远远比优秀传统文化知识的学习时间要多，这直接导致了我国部分高校在人才培养方面忽略了中华优秀传统文化对人的塑造意义。

部分高校教师尚未发现自己有传承中华优秀传统文化的责任，在课堂讲授方面缺乏专业培训、没有经验，专业课教师精力不够，不能做到将本专业与传统文化课程很好地融合。高校对传统文化的教育方法不多，课程设置不合理，单纯的知识讲授很难真正激发学生的兴趣，部分传统文化课程还属于网课，学生不认真听讲，无法达到文化教育的目标。在课程设置上，部分学校把文化素质类课程作为选修课，无法实现传统文化教育的普及。

在文化教育上，除了课堂中的知识传授之外，课外文化教育也很重要。但是，很多高校的文化教育很不到位。第一，一些大学文化底蕴不足，校园设计方面商业化氛围太浓，没有历史、文化底蕴。比如学校拆除旧建筑、建设新校区，磨灭了原有的文化特点，难以塑造学生的文化风格。第二，部分高校对传统文化的宣传力度不够，传统文化的各种活动吸引力不足，一味追求形式，学生不愿意参加。第三，高校传统文化教育实效性差，与学生思想结合不紧密。学校很难把握学生的思想动态，文化教育不能真正发挥作用。

2.部分家庭缺乏优秀传统文化教育意识

还有一部分家长关注学生在西方文化知识方面的学习，对中华优秀传统文化不太关心。这样的家庭教育，直接影响高校青年学生对民族传统文化的理解，对于建立青年学生的文化自信很不利。

（二）中华传统文化面临多元文化的挑战

1.外来文化的输入和渗透不断冲击中华传统文化，对中华传统文化的传承与弘扬有着不可忽视的影响

外来文化对我国传统文化的影响是方方面面的，如果不正确对待外来文化，则可能会影响高校青年学生认识和学习中华传统文化，进而影响对其的传承与弘扬。

2.我国传统文化受到部分社会不良文化的"熏染"

总体来说，我国国内社会风气良好，但是也有一些不良社会现象，如铺张浪费、美化暴力等文化现象出现，不少青年学生不知对错，盲目跟随，被不良文化影响。

3.大众文化的兴起与传播对传统文化产生了挑战

与市场经济相适应的一种市民文化叫作大众文化，当今社会，人们可以通过自媒体传播大众文化。如一些短视频软件，其用户数量十分庞大，其传播内容对大众的影响不可小觑。大众文化在丰富中国文化的同时，对传统文化也是一种冲击。

4.现代流行文化的盛行使传统文化受到了"冷落"

流行文化关注个性，与商业化结合比较紧密，因为其具有新潮、幻想等特征，所以很容易被青年人接受，青年学生追捧流行文化，忽略了传统文化。

三、全球化影响

伴随我国综合国力的提升，很多国家与我国建立了友好往来，但是经济全球化也加速了西方国家对我国文化的侵蚀，不利于大学生文化自信的培养和建立。其主要表现在以下几个方面。

（一）在语言文字交流方面，尤其表现为网络用语的广泛使用

互联网的词汇多种多样，有些不文明、不规范的词汇也进入大众生活，网络上错别字泛滥，产生了非常消极的影响。

（二）在餐饮方面，西方食品和西方快餐店风靡全国

各种日韩料理店和西餐店随处可见，星巴克、麦当劳、必胜客等连锁店更是数不胜数。西方食品不仅改变了我们的饮食习惯，也在向历史悠久的中国传统饮食文化提出挑战。

（三）在影视方面，最具代表性的就是好莱坞电影

好莱坞电影中存在一些与我国传统价值观相违背的观念，高校青年学生应从多个视角去审视，保持一定的清醒和警惕。

（四）在传统节日方面，我国传统节日正在受到外来节日的冲击

比如，越来越多的年轻人追捧情人节、感恩节、圣诞节等西方节日，但对我国传统佳节冷眼相待。这些现象必须引起我们的高度重视。

第三节　弘扬中华传统文化与高校青年学生
文化自信的关联性

今天，文化软实力在一个国家综合国力竞争、经济文化交流中发挥着越来越重要的作用。作为国家的栋梁和民族的希望，高校青年学生在成长过程中形成的综合素质不只对其自身，而且对中华民族未来都有一定的影响。中华民族的复兴需要传承和发展优秀传统文化，弘扬中华优秀传统文化应当以高校青年学生为主体。

传统文化博大精深，有独特的价值体系，它对我们的思维方式和行为方式产生很大影响。优秀传统文化包含传统学科、文学、书法、音乐、舞蹈等的精华，在源远流长的中华文明中绽放光彩，影响着青年人的三观，为青年人提供精神力量。

中华传统文化首先应该包括思想、文字、语言，然后是六艺，最后是历代发源起来的书法、音乐、武术等。儒家文化、汉字与书法、绘画艺术等比较典型地反映出了传统文化与新时代高校青年学生之间的内在关联性。

一、儒家文化

我国的精神命脉和文化根基为优秀传统文化，对国家现代化建设、社会发展以及个人进步有着极大的影响力和感染力。

（一）倡导仁爱，以国家利益为己任

中华优秀传统文化的基本价值观是"仁"。人格意识、社会意识、人和意识、人为贵意识都是"仁"的内容。我们需要引导大学生学会换位思考，推己及人。

（二）主张尊孝，注重激发学生的爱国之情

孔子关于"孝"的思想内涵丰富，很多思想精华至今仍带给我们伦理启示。孔子在"孝"方面的思想内涵有养亲与敬亲、关怀与思念、顺从与继志等。对于青年学生来说，大学是人生成长的关键阶段，然而，信息技术的飞速发展使得各种各样的信息被传播和接收，一旦学生辨别力较弱，很容易受到不正之风、负面信息的影响。另外，随着网络发展带来新媒体的普及，部分学生沉迷于手机和电脑，与父母的沟通交流越来越少，甚至为此与父母吵架。如果一个人连家人都不懂得如何去爱，又怎么去爱国呢？

（三）提倡重义轻利，注重自身修养

在道义和利益二者不可兼得时，孟子提出"舍生而取义"，重义轻利的思想有利于提升高校青年学生的自我修养、端正其人生态度，让其更加满足社会发展的需求。

二、书法与汉字

汉字是传统文化的一部分，与中华传统文化相互影响、相互依存。汉字是文化的载体，文化以汉字的形式流传至今。首先，不同年代的汉字代表当时年代的思想观念。其次，汉字的结构和内涵体现出中华传统文化的韵味。

文字是人类在劳动中创造出来的，文字是民族智慧的结晶，文字的出现标志着文明的进步。汉字是传统文化的主要承载者，汉字的结构复杂，历史久远。传统文化通过民族风情、物质形式、经典文献等表现出来，这其中，经典文献的记录符号就是汉字。

具有镜像作用的汉字在静态中彰显文化的魅力，映照出历史进步的雄姿，绽放出前辈智慧的光彩。对于高校青年学生而言，汉字随处可

见，是交流和学习的必备工具，大学生可以通过阅读汉字经典，学习文化信息。

现代社会不断发展，人们的生活发生了复杂而深刻的变化，意识形态领域也在一定程度上受到各种各样信息和思想的影响，这些无疑对新时代高校思想政治教育提出更高要求。

（一）有利于高校青年学生培育顽强进取的精神

从某种程度上讲，培养青年学生积极进取的精神和独立奋斗的人生态度需要发挥艺术追求的作用。在快节奏的今天要做到脚踏实地、坚持不懈很不容易。一部分大学生目标高远，不结合具体实际，渴望成功却不愿意付出，羡慕别人却总想着投机取巧。殊不知，很多成功的企业家身上无不具备超乎寻常的耐力和持之以恒的韧劲。与传统文化相联系，书法所侧重的锲而不舍正是成功人士必备的心理素质，它可以磨炼出勤奋的韧性，锻炼出顽强进取的精神。

（二）有利于提高高校青年学生的自信心和文化素质

当今时代是互联网时代，新媒体的普及改变了传统的文化传播交流方式，人们很少用笔写字，书法的影响力也明显减弱。人们常说，"字如其人"，但是很多青年学生汉字基本功不扎实，不愿意写字，对汉字毫无感情。

书法教育看起来很像教授技巧的教育，实际上，让学习者领悟作品的含义才是学习书法的精髓。一个具备渊博的知识、较高的艺术修养、高雅的气质的人能创作出美观、非凡的作品。书法教育涉及美学、文学、逻辑学、语言学、历史学、文字学等，需要扎实的文学修养、语言功底和审美能力。可以说，书法教育是对人性的教育，有助于提高学习者的综合素质。

（三）有助于健全高校青年学生心理素质

高校为青年学生进入社会提供了庇护和缓冲，是学生走向社会的交接地带。快节奏的社会生活和日益激烈的竞争形势，让当代大学生的学习、工作、生活没有想象中那么轻松和惬意，他们需要承受多方面压力。高校教师在关注成绩的同时，忽略了学生的抗压能力。根据研究表明，当今出现心理问题的学生越来越多，大学生普遍心理素质差、内心脆弱，亚健康状态的大学生会危害校园和社会安全。

心理健康关系学生的全面发展和成长成才，注重大学生心理素质的培养非常重要，在这个过程中，书法学习可以起到辅助作用，练习书法可以调节心理，提高学生的综合心理素质。

三、绘画艺术

在中国画（国画）中，画家们记录古代生活，以形写神，寓意于绘画。中国绘画历史悠久，是世界文化宝库中的无价之宝。

在中国的历史长河中，唐朝时期的政治、经济、文化取得了较高的成就。那时候，我国的政治、经济、艺术、文化、科技空前发展，非常繁盛，唐朝的文化和艺术构建了当时辉煌的文明。

中国不同历史时期的特征可以通过古代绘画的发展和进步来反映。比如，宋朝绘画艺术的发展反映出当时城市的繁荣和商业的发展。不同朝代的生活状态可以通过各朝代的绘画反映出来，通过鉴赏不同历史时期的古代绘画作品，可以让高校青年学生对中国古代文明有一些认知，激发他们内心的民族自信心和自豪感，为实现中华民族的发展和进步不懈奋斗。

四、优秀传统文化与社会主义核心价值观的时代联系

中华优秀传统文化是各时代劳动人民智慧的结晶，与时代共同前进。比如，儒家学派提出的五常之道包含了做人的道德伦理准则。在党的十八大报告中，"爱国、敬业、诚信、友善"是从个人层面提出的，在道德规范和行为准则方面与儒家观点一脉相承。

今天，中华优秀传统文化被不断补充和完善，先进文化让传统文化焕发出崭新的光彩。我们每一个中国人都应该有自信，相信传统文化的强大影响力。这种文化自信根植于五千年文化的精神沃土，不断发展，成为中国人的骨气。

五、优秀传统文化对青年学生文化自信的影响

当代青年学生的民族观、道德观、国家观尚未形成，坚定信心才能保持自信，培养青年学生的文化觉悟能力至关重要。

面对复杂的国际环境，不同的观点充斥在高校青年学生当中，在大量西方文化涌入中国的大背景下，部分青年学生漠视传统习俗，慢慢忘记了传统文化。随着人们生活节奏的不断加快，年轻人容易浮躁和焦虑，遇到事情不能冷静下来，对传统文化表现比较冷淡。

优秀传统文化开始慢慢改变和影响着人们的生活，比如，在公交车和地铁上，人们能听到一些温暖提醒，在电视节目里，有很多以中华优秀传统文化为主题的节目，《中国诗词大会》《中国汉字听写大会》《中国成语大会》等，吸引了很多中小学生积极参与，成为青年学生更加容易接受的方式，在认知中华优秀传统的基础上达成一致。将中华优秀传统文化与现代生活融合可以创造性地发展、激发优秀传统文化的活力。

此外，不少高校开设了中华优秀传统文化的必修、选修课，通过教学指导学生了解传统文化，潜移默化地影响学生。中华优秀传统文化影响

着高校青年学生的点点滴滴，这不仅是由于学校的推动，更多的是来自学生本身对本民族文化的认可和赞同。我们应该从内心深处、从根本上认可自我、展现自我。

时代在发展，社会在进步，青年学生不能在精神方面松懈自己，需要以科学的态度对待中华优秀传统文化，客观地对待各国文化的差异，取人之长，补己之短。高校学生需要从根本上坚持"四个自信"，以社会主义核心价值观为准绳，坚定理想信念，做有志向、有内涵、有责任感的接班人。

第四节　以中华优秀传统文化增强青年学生文化自信的对策研究

一、相关对策建议

大学阶段是青年学生"三观"形成的关键时期，大学为青年的发展和成长提供良好的环境，大学阶段是青年学生"三观"形成的关键时期。因此，必须要发挥好大学文化阵地的作用和文化育人的功能。在增强当代大学生文化自信方面，我们需要用科学的方法，帮助青年大学生构建核心价值观。

如何用中华优秀传统文化增强大学生的文化自信？我们需要了解当代大学生的认知情况和影响因素，从社会、高校、青年几个方面提出意见和建议。

（一）社会方面

1. 完善社会管理制度

相关政府机构和部门应该制定加强传承和发展中华优秀传统文化的有关管理规定，保证长期有效地进行，严格管理，有效领导，保证工作的落实。相关政府机构和部门需要把传统中华优秀传统文化融入日常工作中，加大宣传力度，建立政策导向制度，为传承和发展优秀传统文化提供政策支持。

2. 做好责任划分

在弘扬中华优秀传统文化之中，我们必须做好各单位的责任划分，保证各环节的工作落实到位，此外，需要建立健全监督机制，提高相关人员的工作积极性。

3. 切实加大财政投入力度

建立有关基金，科学地进行资金规划和支出。同时，政府需要激励团体和组织积极参与传统文化的传承和发展工作，促进相关制度的建立、健全和创新。

4. 坚持社会多方面的协调配合，营造适合传承的文化大环境

在市场经济冲击的大环境之下，文化的传承和发展需要有特定的社会环境。社会各方面需要一起努力，共同配合，为优秀传统文化的发展提供良好的环境。

5. 建立健全相关法律制度

政府应该通过完善的市场奖惩制度和法律制度指导文化产业，提高产业经济的合法性，科学分配资源。

6. 运用大众传媒促进中华优秀传统文化的传承和发展

首先，需要充分发挥现代大众传媒方式的优势。当今，大家接触比

较多的大众传媒方式为广播、电视、报纸、杂志，国家应该做好各种传播内容的审批。

其次，坚持把握网络阵地，倡导主流思想。我们需要充分利用网络搭建信息传播平台，通过网络媒介举办内容丰富的传统文化教育活动，创办全面立体的网络教育主页，把线上教学与线下教育结合起来，互相补充。

最后，加大宣传力度，营造良好社会舆论气氛。营造良好的舆论环境，加大宣传，潜移默化地影响青年学生，增加他们的文化自信。

7. 把优秀传统文化融入社会主义核心价值观念

我们需要把中华优秀传统融入社会德育建设之中，与核心价值观结合发掘内涵，争取创新性发展。

（二）学校层面

1. 完善中华优秀传统文化课程建设

大学是青年学生学习知识的地方，学生在学校里建立正确的三观，但是大学在传统文化教育方面的课程体系建设不完善，一方面，许多经典著作晦涩难懂，需要深入整理和研究才能进行教学；另一方面，很多高校根本没有设立专门的中华优秀传统文化教研组，缺少专业人员进行研究，课程内容和课程设置标准不明确。因此，高校应该设立专门的中华传统文化教研组进行课程设置和教学内容的研究，与其他专业课紧密结合，有助于学生自主选择学习中华优秀传统文化。

大学语文课程很容易结合优秀传统文化教育，但是如何在其他思想政治教育课程中融入传统文化因素值得我们探讨。比如，我们可以结合实际例子，在课堂上带领学生一起讨论大学生诚信、爱国主义培养等专题。大学生更加关心自己喜闻乐见、比较熟悉的热点问题，对这些问题也怀有很大热情。教育工作者需要让他们更加深入地学习和了解中华优秀传统文化，真正让中华优秀传统文化进入课堂。

2. 开展丰富的文化活动，实现知行合一

学校需要多开展丰富的文化活动，让学生更加深刻地理解中华优秀传统文化，真正做到理论和实践的结合。学校可以进行的文化活动包括以下几种类型。

（1）实践型活动

在学校里，学生会、社团可以举办各种活动，通过活动鼓励学生积极参与优秀传统文化的学习，提升素养。同时，一些参观、讲座、交流活动也可以帮助大学生增加文化自信。

（2）交流型活动

学校可以邀请名师来学校演讲，在活动中为学生提供展示的舞台，提高学生对中华文化的热情。这种活动包括教师讲坛、座谈会等不同形式。

（3）举办传统节日相关活动

为了有针对性地传播中华传统文化，高校可以有效贯彻、执行一些活动，结合中华传统节日，让中华优秀传统文化深入人心。

3. 拓宽教育途径，实现多样的教学教育途径

在 21 世纪，网络课堂越来越普及，学校应该注重对专业课程的网络化建设，激发学生自主学习的能力。另外，高校需要积极引进名师资源，改进网络课程体系，将中华优秀传统文化融入方方面面。

4. 提升教师的传统文化素质，加强师资队伍建设

当前，大部分教师的传统文化教育不够全面，教学中不能够深刻领悟传统文化的内涵，教学方法枯燥，无法调动学生的主动性，导致教学质量低。因此，高校必须加强师资队伍建设。

一方面，将中华优秀传统文化的精粹教育与高校教师继续教育相结合。我们可以聘请专家对高校教师进行培训，定期举办传统文化研讨会。教师也要对自己严格要求，努力提升自我认知，将中华优秀传统文化的精粹融入现代教育之中，对学生产生积极正面的影响。另一方面，高校应该

把中华优秀传统文化素养作为考核教师的一项指标，让思想文化素养成为评判的标准之一。

（三）学生层面

1.提高青年学生的主体意识

只有调动青年学生的积极性，提升主体意识，才能较好地完成思想政治教育。老师一定需要尊重学生的想法和意见，引导学生学会自我管理，让学生独立完成布置的一些任务。

2.提高青年学生对中华优秀传统文化的认知

学校应该承担起责任，让学生对中华优秀传统文化有更加全面、深入的了解。有效利用专家的感染力，让学生主动了解和学习中华优秀传统文化，学校需要多创造条件，提供良好的学习氛围和环境，让学生在不知不觉中受到熏陶。学生只有真真切切地体会到了传统文化的美，才能提升自己的文化自信心。

3.养成良好的道德行为规范

从学生方面来看，青年学生需要进行内省，尊敬师长，团结同学，培养自律，保证诚信，完善自己，辩证看待问题，保证心理健康发展，做到一日三省。从学校方面来看，高校需注意培养学生踏实进取、积极上进的精神。青年人都希望通过自己的努力为社会做出自己的贡献，实现自我价值。

二、相关引申研究

（一）改革语文课程建设提升青年学生文化自信

高考是当前国内相对公平、规范的人才选拔制度。因此，高考改革至关重大，当前语文考试的分数比例在不断增加，2018年高考语文必背古诗文增加 10 篇，从古体诗词到绝句和词曲，从诸子散文到历史散文，从两汉论文到唐宋古文、明清小说。在高校课程设置方面，需要将优秀传统文化课放在必修课和选修课之中。

部分综艺节目以学生喜闻乐见的形式激发学生的兴趣，提高其文化归属感。教育改革有利于帮助学生更深刻地了解优秀传统文化，有利于提高青年学生的文化自信。

（二）文化自信对弘扬优秀传统文化的作用

1. 文化自信对弘扬汉文化的影响

汉服的全称为"汉民族传统服装"，它是汉文化的宝贵成果，清朝时期，统治者不允许人们再穿汉服，直到今天，人们开始审视中华传统文化中的优秀部分，汉服文化才得以复兴。

今天，很多学生比较喜欢穿汉服，这从侧面也可以看出汉服及汉文化在学校越来越被关注，这也是一种文化自信的表现，汉文化带动了学生的学习兴趣。

2. 文化自信对弘扬中华传统节日的影响

在中国，每个节日都有不同的寓意、特点和习俗。

中华传统节日有很多，除了大型传统节日之外，还有一些小型传统节日。这些小型传统很少有人关注，另外，外来文化对中华传统节日有一定的冲击。因此，我们需要加强青年学生对我国传统节日的认同感，不盲目崇拜西方节日，不忘民俗文化，过好每一个传统节日。

总之，高度的文化自信保证了中华民族的伟大复兴，我们需要在知识理论方面有一些创新，创造更多的价值。

（三）用实践教育增强青年学生的文化自信

儒家思想是我国传统文化的主流思想，影响深远，其中"仁"为核心，仁就是指"爱人"，高校青年学生需要认真学习儒家思想。对于"德"，不仅局限于书本知识，还应在实践中锤炼一个人的德行。

在今天的大学生"三下乡"活动中，大学生义务支教，传播知识和能量，不仅有利于他们的健康成长，而且有利于他们将自己的命运与祖国的命运紧密相连。"三下乡"帮助高校青年学生感受生活，在实践中懂得"爱人"，懂得节俭，懂得感恩。"三下乡"的内容涵盖文化、科技、卫生，这是"智"的体现，包含了很多儒家思想和中华传统文化精髓，高校青年学生在"三下乡"的过程中可以增加文化自信。

（四）中华优秀传统文化的未来发展方向

我国的综合国力不断提升，随着经济全球化的发展，世界各国的联系越来越密切。2004 年，第一家孔子学院在韩国首尔设立，之后孔子学院蓬勃发展，截至 2019 年年初，全球 150 多个国家已经建立了 500 多所孔子学院，开设了 1193 个孔子课堂。另外，国内推出了相关类型的电视节目，比如湖南卫视的"汉语桥"，世界各地的参赛选手都表现出比较优异的中文水平，许多选手在节目中谈到对中文和中国历史文化的喜爱。

中华武术在国外也很受关注，在美国，每年都会举办美国国际武术公开赛，比赛内容包括长拳、北派拳、南派拳、内家拳等，此外，中国功夫也在国际电影里被宣传。中央民族乐团在海内外宣传中国传统民族音乐，足迹遍布世界三十多个国家和地区，登上了维也纳金色大厅。这样的例子举不胜举，说明中华优秀传统文化在世界范围内的影响力在不断增强，这一切让高校青年学生更加坚定文化自信。

第四章

中华优秀传统文化与高校青年学生
社会主义核心价值观

第一节　中华优秀传统文化与社会主义核心价值观的关系

近年来，习近平总书记对中华优秀传统文化、社会主义核心价值观以及两者的本质"关系"问题做过很多次阐述，理论界围绕着习近平总书记的重要讲话开展了全面的探讨，围绕着两者关系形成了三个方面的观点。

一、社会主义核心价值观以中华优秀传统文化为根基

习近平总书记把中华优秀传统文化的根基概况为六条："讲仁爱、重民本、守诚信、崇正义、尚和合、求大同"，只有立足优秀传统文化，明确中华优秀传统文化的作用和地位，才能更好地践行社会主义核心价值观。

在国内研究方面，有学者认为传统文化中的主流治国理政观点包括以人为本、以德为本、以民为本、以和为本等，传统的主流价值观是核心价值观的立足点、根本。陈泽环认为，"四个讲清楚"是立足中华优秀传统文化涵育社会主义核心价值观的基本方法。崔宜明认为，核心价值观的生成包含着理论方面的突破，表现在对利益关系的认同、对世界文明的借

鉴和对历史的把握等方面。我们以中国近代史为背景和教训，以西方文化为参照来进行把握①。

二、社会主义核心价值观依托中华优秀传统文化传承发展

只有传承和发展优秀传统文化，才能更好地培育和践行核心价值观。可以说，优秀传统文化是理论基础，核心价值观是对优秀传统文化的价值升华。

王清玲认为，社会主义核心价值观是优秀传统文化的传承和发展，同时引领着人们的具体行动②。居云飞认为，传承民主思想，展示文明古国的现代风采，弘扬传统的"和"文化，领悟传统文化的平等思想，发扬传统文化的法治精神③。马金祥认为，社会主义核心价值观的思想来源是多元的，但是基本内涵是全面的，社会价值是时代的，所以不能把中华优秀传统文化和社会主义核心价值观等同，而需要"双创"④。

三、社会主义核心价值观与中华优秀传统文化内在契合

中华优秀传统文化与社会主义核心价值观是契合的、统一的，在这个方面，很多学者探讨了现代与传统之间密不可分的联系，强调社会主

---

① 崔宜明.社会主义核心价值观与中华优秀传统文化的再认识［J］.道德与文明，2014（5）：21.

② 王清玲，程美东.论社会主义核心价值观与中华优秀传统文化的内在关系［J］.学校党建与思想教育，2016（11）：21.

③ 居云飞.兴国之魂：社会主义核心价值观与中华优秀传统文化［M］.中国社会科学出版社，2016：12-20.

④ 马金祥.中华优秀传统文化与社会主义核心价值观内在逻辑管窥［J］.思想教育研究，2016（7）：69.

义核心价值观建设不能离开中华优秀传统文化。比如，房广顺认为，"契合"的含义是，优秀传统文化与核心价值观在相似和相容方面的特点，两者之间是经过历史碰撞、当代对话而形成的现实契合，两者的契合具有开放性前提、科学性基础和价值性源泉[①]。仲伟通认为，两者在逻辑和实践方面不可分割[②]。此外，还有学者认为，进取精神、忧国忧民的意识是弘扬优秀传统文化的重点，同时，修身为本、和而不同、天人合一等精神既是中华传统文化的精髓，又是核心价值观的文化基础。

四、中华优秀传统文化对社会主义核心价值观具有涵育功能

"涵育"社会主义核心价值观有利于提升我国文化软实力，既符合培育核心价值观的现实要求，又契合延续优秀传统文化生命力的内在需要。"涵育"的目的在于增强文化自信、提升文化自觉和实现文化自立。

在具体实践方面，优秀传统文化的弘扬与社会主义核心价值观相互支持，共同进步。通过发挥校园文化的正效应、新媒体的承载传播、传统节日和民俗文化的丰富内涵等，来探索涵养的多个路径和方法。用克己思想加强自我反省，用仁爱思想实现伦理需求，用爱国思想实现富强文明。坚持民族性与世界性，提高文化开放水平，坚持指导性与多样化，促进文化共同繁荣。

社会主义核心价值观的浸润，需要通过社会、校园、课堂等全面推进，共同营造中华优秀传统文化渗透的良好环境。优秀传统文化是大学生的精神食粮，为当代大学生提供了价值引领、道德导向、精神资源。在教

---

① 房广顺.社会主义核心价值观与中华优秀传统文化的契合性［J］.马克思主义研究，2015（10）：98.

② 仲伟通.中华优秀传统文化与社会主义核心价值观的内在契合［J］.中国石油大学学报（社会科学版），2016（3）：85.

育方面，核心价值观教育、优秀传统文化教育、高校思想政治教育三者应该紧密结合，"三全育人"是实现涵养目标的关键，因此，要融涵养于社会主义核心价值观培育的全方位、全过程。在进行涵养教育的时候，需要注意价值切入，让青年学生产生认知认同，关注价值引领和大学生的接受程度。我们可以充分发挥国家制度平台、国民教育平台、媒介传播平台、社会示范平台等的作用，从教育路径来看，需要借鉴传统教育的手段，提高学生的主动性，加强传统文化宣传，营造良好的校园文化。同时，引领大众媒体，与网络互惠共赢。

第二节　历史文献是社会主义核心价值观的文献基础

社会主义核心价值观是文化强国的方向和旗帜，体现中国人民的追求。习近平总书记在庆祝中国共产党成立 95 周年大会上指出，中国共产党人需要"不忘初心，继续前行"，坚持道路自信、理论自信、制度自信、文化自信。文化自信的核心是价值观的自信，只有实现自信才能自觉付诸行动。中华民族的悠久历史是文化自信的根基。

知识的记录需要文献作为载体。一般来说，历史文化和史学经典著作可以引领大学生的社会主义核心价值观，我们不能忽视历史文献在价值引领中的重要作用。

一、富强民主文明和谐的中国历史文献基础

中华民族的独特之处在于我们与时俱进且独具特色的精神世界和价值追求。中国历史文献是中华民族为人类文明发展做出的宝贵贡献，是

中华民族屹立于民族之林的标识，是中华民族五千年的智慧结晶。社会主义核心价值观与中国历史文化一脉相承，不忘初心才能坚守本心，不忘历史才能开辟未来。

富强民主文明和谐是我国经济、政治、文化和社会建设的目标，是国家层面的价值追求，有着比较明显的时代特色和坚定的历史文化基础。比如，"富强"包含着坚持"以经济建设为中心"，建设社会主义物质文明的内涵；"民主"包含着推进民主政治建设，实现社会主义政治文明的内涵；"文明"包含着更加自觉、主动推动文化大发展，建设社会主义精神文明的内涵；"和谐"包含着把民主建设放在重要位置，建设生态文明的内涵。这是我们党完整的治国目标体系，"富强民主文明和谐具有深厚的历史渊源，与中华民族五千年文明史紧密相连，与中华民族百年屈辱史和奋斗史紧密相连，与中国共产党90多年的奋斗史、新中国成立60多年的发展史、改革开放30多年的探索史紧密相连。"①富强民主文明和谐承载着中华民族的价值追求，是我们每一个中国人的中国梦。

（一）"富强"的相关历史文献基础

"富强"本意为富裕强盛，中国在鸦片战争之前，曾经以世界第一富强国家独领风骚。在战国时候，就有了富国强兵的主张，同时，商鞅也主张富国强兵的观点。帝道、王道、霸道的目标都是实现国家富强，但是却经历了从民本向君本的蜕化。与法家不同，儒家思想主张"君主应该以全体民众的幸福和权利为最大利益"，法家以君为本，儒家以民为本。孔子指出"为政以德"，"道之以德，齐之以礼，有耻且格"，也就是说，追求国家富强的前提是仁义。富强的核心是仁义，富强包含着"国富民富""国强民强"等多种观点，不像法家仅仅注重"国富民强"。孔子主

---

① 田海舰.富强民主文明和谐何以成为国家层面的价值目标［J］.齐鲁学刊，2015（4）：68.

张"君子之强"，旨在坚守正道，不屈服于权势。

《论语·子路》记载，孔子的治国路线就是"庶之""富之""教之"。既让老百姓过上富裕生活，又让老百姓过上文明生活。在孔子看来，人的天性追求财富，但是爱财必须得之有道，公平比富裕更加重要。安贫乐道比富而不骄更难做到。总之，"国富民强"是中国古代仁人志士一直追逐的梦想。从中国的历史文化传统来看，"富强之义：食货为本，教化随之"，"富强之要：富民为重，民富国强"，"富强之道：民生为上，家国两足"。富强是社会主义核心价值观的首要目标，蕴含着丰富的经验与资源。富强既贯穿着中华文明史的精神内涵，又承载着当今时代中华民族伟大复兴的梦想。

（二）"民主"的相关历史文献基础

"民主"即人民当家做主。民主就要坚持主权在民，坚持人民利益至上，贯彻多数人决定的原则。从国家层面来看，民主价值观不仅把民主理解为国家政治制度，而且把民主理解为国家意识形态，是中国特色社会主义"民主价值的系统的根本观点"。

中国比较早就出现了"民主"，中国早期的"民主"观念与天下为公的大同理想有着直接的关联。在孔子看来，中国古代社会经历了"大同"—"小康"—"乱世"的退化过程，身处"乱世"的孔子希望恢复商周时期的"小康"进而达到五帝时期的"大同"。他主张"克己复礼"，最早提出了中华民族伟大复兴的梦想。

古代民主文化的思想根源是儒家的民贵君轻思想，《孟子》载："民为贵，君为轻"，得民心者得天下，失民心者失天下，彰显了多数人决定的民选原则。中国在古代就有了"民主"的成功实践。然而，随着"天下为公"向"天下为家"的退化，"民主"逐渐被"专制"取代。"民主"是政治建设的目标和保障。

（三）"文明"的相关历史文献基础

"文明"包括物质、制度、精神等多个层面。在社会主义核心价值观中，"文明"指的是文化价值目标，是精神文明的价值追求，是"最广大人民的核心价值追求"，是对人类"最先进、最科学文明形态"的向往。"文明"和野蛮是正好相对的，中华民族为人类文明进步做出了非常多的贡献。

孔子的出类拔萃无人能比。孔子所追求的"文明"为天下大同，这种天下为公的大同理想，是对中华文明的最高期许。人类的历史是文明不断发展的一个过程，国富民强，顺乎民心，养民富民，是政治文明的基本要求，也是建立文明社会的关键，物质文明是精神文明的基础。

（四）"和谐"的相关历史文献基础

"和谐"是对马克思主义的坚持和发展，是社会主义社会的核心价值追求，是对西方思想文化的批判和借鉴。只有立足社会主义本质要求才能把握和谐价值的社会属性，把握和谐社会的建设途径需要着眼于个人、社会、国家三个层面。

和谐价值观有着中国历史文化的坚实基础，"和谐"的思想在中国历史文献里有很多记载。"和谐"最为核心的是人与自然和人与人之间关系的和谐。其实，在中华民族文明发展历史中，一直重视天道与人道密切关联。"天人感应"和"天人合一"等理念说明天道和人道关系涉及自然环境与社会发展最本质的关系。人的价值理念、人与人之间的关系受到人与自然关系的影响，不能用单一的方法考察人与自然，以及人与人的关系，最根本的是必须考虑民族差异和地方差异。

总之，在我们进行社会主义核心价值观建设的过程之中，需要不断更新"和谐"在不同时代的不同内涵，积极培育和践行社会主义和谐价值观。

二、自由平等公正法治的中国历史文献基础

自由是社会主义社会首要的价值目标，是社会的价值理想，体现了人的社会本性，因为每个人都渴望自由呼吸、自由生活。平等是社会主义社会的价值准则，它要求社会提供一个公平竞争的平台，让每一个公民都有机会通过自己的努力获得成功。公正是社会主义社会的内在要求，它要求社会的道德取向、评价和法律制定、执行必须立足公正立场，维护社会正义。法治是社会主义社会的制度保障，它旨在通过国家公权保障公民能够实现自由、平等和公正。这些是中国传统文化的精髓，体现出社会主义的本质。只有立足中国文化，才能培育自由、平等、公正、法制，我们需要从中国历史文献中学习精神资源。

（一）"自由"的相关历史文献基础

虽然"自由"是全人类共同的美好愿望，但是社会主义核心价值理念倡导的"自由"与资本主义的"自由"有着本质区别，前者坚持马克思主义，认为个人或政治自由需要历史地呈现。

自由价值观有着中国历史文化根基，一部中华民族文明史就是中华儿女执着追求"自由"的历史。中国古代很早就有了关于"自由"的理念。在庄子的《逍遥游》中，借助寓言故事，表达了人类追求顺应自然的天性，是一种浪漫主义的自由观。庄子主张行为自由受到限制，需要追求精神自由，渴望无功、无名的精神逍遥，以此对抗"有为"社会的黑暗。

孔子对"自由"有着透彻的理解，这从他的"恕道"中可以体现出来。在封建专制的背景下，人们通过不同的方式强烈地表达着对"自由"的追求和向往。限制言论自由是有危害的。"自由"与专制是对立的，倡导"自由"就需要保护每一个人的天赋权利。《孟子》载："居仁由义，大人之事备矣。"这里，强调了人们对于行为自由的追求必须合乎正义。《荀子》载："行一不义，杀一无罪，而得天下，仁者不为也。"也就是

说，"自由"是对仁义的践行，"自由"必然是建立在善言善行的基础之上。仁者不能做任何违背正义的事情。

总之，作为社会主义核心价值观的最高价值追求，"自由"的核心内涵是人的自在全面发展，把"自由"作为社会主义核心价值追求，既源于对马克思主义的科学阐释，又源于中国民主主义革命和社会主义革命的历史经验。

（二）"平等"的相关历史文献基础

"平等"即无差别、均等。作为社会层面所倡导的平等价值观体现了中国特色社会主义的内在本质和中华民族优秀传统文化的价值需求。"平等"在经济方面体现为社会保障平等，人们按劳取酬。在政治方面，它侧重指政治地位。

作为社会层面所倡导的"平等"，是中国传统平等思想的理论升华。中国有着悠久的封建等级社会的历史传统，古代贤达很早就开始思考平等问题。

孔子的"均平"观点与他的"大同"观念关系很紧密。在孔子看来，"平等"是一个终极价值追求和动态发展过程，从"小康"到"大同"需要实行德治。在孔子看来，我们既需要承认"礼"的差别，又需要把"同"作为终极关怀，将"仁"贯穿始终。"平等"的价值准则既能保证让贤能的人为社会创造更大的价值，又能保证弱势群体可以有尊严地生活。

中国古代思想家在阐述"平等"思想，往往从"天道"中寻找构建"平等"观念的合法性，把"平等"理解为一种天道。比如《道德经》载："天之道，其犹张弓与？高者抑之，下者举之，有余者损之，不足者补之。"天道是公平的，它遵从平等理念，摒弃恶习。庄子的"齐物论"和惠施的"合同异"已经认识到，世间万物虽有差别，但都有着共性的本质，敌对的事物本质是一致的，可相互转化。

总之，社会主义核心价值观倡导的"平等"吸取了中国历史文献中的平等价值观，以及空想社会主义平等观和资本主义平等观的合理成分。"平等"是检验社会主义现代化事业成功与否的关键，实现"平等"是我们的价值目标。

（三）"公正"的相关历史文献基础

"公正"就是公平，社会主义核心价值观倡导的"公正"是"实现共享发展、共同富裕的基本要求"，它的内在本质是以人为本，价值旨在实现人的自由全面发展，现实重点是分配公正。社会层面公正价值观的思想来源是马克思主义、中华优秀传统文化、国外社会科学。在中国历史文献中，"公正"作为一种道德规范一脉相承，千百年来，人们普遍认为，"公正自在人心"。

中国古代传统的公平正义，一方面是"天下为公，选贤与能"。另一方面是出于经济考虑对底层民众的关注，这种公平正义表现为对生活困难的弱势人群的关心。"大同世界"所主张的还不是一切平等的大同，是既承认差异，又主张所有人拥有平等的发展权，达到一种各得其所的境界，这是高端的"选贤与能"与低端的"皆有所养"的统一。

总之，"公平正义"是中华民族生生不息的精神动力。提倡"公正"有利于规范社会成员的行为选择，推进政治文明建设进程，彰显中国道路的影响力，增强民族凝聚力和向心力。

（四）"法治"的相关历史文献基础

"法治"即依法治国，具体包括法律至上、法律面前人人平等、依法保护公民的权利和自由等，还包括立法、司法、行政三权分置，依法行政、公正执法、文明执法等。战国时期的法家把法的作用推崇到了极致，君主为了实现独尊，可以用人质、特务等手段，不顾程序正义。法家为了富贵功名，不顾道德底线带来不少隐患。

与法家不同的是，孔子提出了和现代法治观念相一致的观点，他们坚守仁政底线，强调制定善法，立法为民。善法是实现依法治国的基础，善法关键为公正执法。孔子既重视礼法规范又关注老百姓的教化，兼顾"道之以德"和"齐之以礼"。他非常关注程序正义，强调法律面前人人平等。《论语》载："可与立，未可与权。"也就是说，一切行为都应当遵守礼法制度，求道过程必须保障程序正义。

总之，"法治"是中华民族文明史的重要成果。社会主义法治价值观的文化根源是中国历史文化中的法治思想。推进全面依法治国既要根植于中国历史文化，又要立足于改革开放，推进国家治理体系现代化建设需要社会主义法治价值观与中国历史蕴含的法治思想的有机融合与传承创新。

三、爱国敬业诚信友善的中国历史文献基础

爱国敬业诚信友善是中华儿女的价值准则和精神风采，凝聚着千百年来中国历史文化的精神追求和道德价值。爱国敬业诚信友善既是国家走向繁荣昌盛的精神条件和民气支撑，又是公民立身处世、建功立业的价值航标和精神动力。爱国是每一个公民的基本义务，是核心价值观的核心，敬业是公民的基本职业要求，诚信是个人的立身之本和必备的道德品格，友善包含善待亲友、他人、社会、自然等，是中华民族的传统美德之一，体现了当代中国公民的精神风采。

（一）"爱国"的相关历史文献基础

"爱国"就是热爱自己的祖国，表现为对自己国家、人民、文化习俗的依恋和认同。"爱国"坚持了民族情怀与世界立场的统一。倘若仅仅立于民族主义的立场，"爱国"就会误入歧途，"爱国"需要与正义相结合，需要基于一定的利益共同体。

人人无私心，没有国家也就不需要"爱国"理念。孔子很关注正确处理君与民的关系。《孟子》中有民贵君轻的观点，民贵君轻是儒家处理

君民关系的基本原则，君主应该以仁德之心治理国家，否则就会威胁国家的生存；君主如果无道，就会被惩罚。民是国家的核心，是国家的主体，"爱国"最根本的是爱民。

古代圣贤因为胸怀天下苍生，而能够放眼四海，他们以天下为己任，融会贯通，拥有崇高的爱国情怀。而今天我们的"爱国"实际上等同于古代的"爱天下"。公民"爱国"如同爱自己，如果国家不能保障公民的权利，公民便会自弃其国。

综上所述，作为中华民族的传统美德，"爱国"是长期形成的民族精神的核心。同胞是祖国的直接体现，政权是国家的直接体现。爱人民、爱国家成为"爱国"的直接表现。"爱国"具有政治内涵，是一个公民与自己祖国之间最牢固的情感纽带。

（二）"敬业"的相关历史文献基础

"敬业"指的是热爱、关注自己所从事的职业。"敬业"有以下四层内涵：第一，从业态度应当"干一行爱一行"；第二，从业效果应当"兢兢业业、尽职尽责"；第三，职业发展应当"开拓进取、创新创业"；第四，职业信仰应当"为人民工作、为大众谋幸福"，由"要我干"转为"我要干"。社会主义的敬业价值观表现了"价值自觉向行为自觉的转化""道德他律向道德自律的提升""个人理想与民族梦想的融合"。

"敬业"为中华民族创造了灿烂的文明。《论语》载："言忠信，行笃敬。"就是说，言行应当忠信笃敬。在中华文明发展历史上，我们的祖先凭借敬业精神创造了延绵不绝的文明。孔子认为，勤奋是"敬业"的基础，对于"敬业"还需要从手段和目标、过程与结果的统一来考量，反对铺张浪费、好大喜功的行为。

中国历史文化中的"敬业"精神实质上源于儒家的社会责任感，是一种一脉相承的世俗文化。孔子关注为学或为官过程中的求道精神，提倡"敬业"精神，其核心内涵就是"敬业乐群"，把"敬业"理解为专心致志做好应当做的事情。新时代倡导的"敬业"，有了更加丰富的时代内涵。首先，"敬业"与整个社会的发展密切相关，与人的实践活动和人的存在方式联系紧密。其次，"敬业"表现了个人造福社会、为社会服务的功能，是职业道德的核心和灵魂。

总之，"敬业"从职业道德升华为社会主义核心价值观契合了马克思主义职业追求，习近平总书记说："中华民族是勤于劳动、善于创造的民族"，我们今天的成就和辉煌的历史来自中华儿女辛勤的劳动。实现民族伟大复兴中国梦需要"敬业"精神，"敬业"是我们民族的传统美德。

（三）"诚信"的相关历史文献基础

"诚信"是实现其他价值诉求的前提，在"三个倡导"中最具有基础性地位，属于最具有中国特色的价值观念。习近平总书记说："不忘历史才能开辟未来"。"诚信"的价值观根植于中国历史文化，它"是个人人格完善和社会道德评价的核心内容"。在培育和践行"诚信"价值观的过程中，我们不能忘掉民族对于"诚信"的追求。

"人无信不立，业无信不兴。""诚"与"信"互训，表达了诚实守信的含义。"诚信"具有天道的特点，人们追求"诚信"便是人道与天道的一致。中国历史文献中的"诚信"思想为社会主义诚信价值观建设提供了源头活水。"诚信"既根植于传统历史文化的深厚土壤，又体现了中国特色的伟大实践。对于培育和践行诚信价值观来说，中华传统历史文化的启发在于：一是"诚信"贯通国家、社会和个人三个层面。传统的"诚信"既是做人根本又是为政原则。二是伦理与治理两个层面的双向互动。自古以来，"诚信"强调不欺人与不自欺的统一，在当代，"诚信"则强调自律与他律、德治与法治的统一。三是现实性层面向超越性层面的拓展。传统的"诚信"比较关注天道与人道的统一、形下与形上的贯通，换言之，就是"诚者，天之道也；思诚者，人之道也"。"诚信"价值观建设既要体现出时代精神，又要从中国历史文化中寻找价值根基。

（四）"友善"的相关历史文献基础

"友善"是一种道德、气质、文化。"友善"比较强调人和人之间应当构建一种友好、亲善、温暖、互助的关系，它如同核心价值观其他范畴一样。

关于"友善"的思想资源在很多历史文献中都有记载。《论语》载："道不同，不相为谋。"这些表明，"友"是一种志同道合的关系。孔子认为，"善"承载着终极价值追求。《论语》载："择其善者而从之，其不善者而改之。"君子应该谨言慎行，因为，善言善行，天下响应。君子之交在于与人为善和成人之美。

第三节　古礼文化与社会主义核心价值观的融通

礼文化是中华传统文化的标识，起源最早、内容最广，而且多元一体。中国古代，在礼的制度和理论得以完善的同时，形成了一整套礼教理论与方法。礼教的最大特点就是把道德价值观教育具体化为一种行为规范和行为方式，它通过人们的行为规训而实现道德人格养成。在对大学生进行社会主义核心价值观教育的过程中，应当学习借鉴礼教的理论与方法，实现古礼展演与社会主义核心价值观教育的融会贯通。

而礼文化借助行为规范的矫正来实现道德人格的养成。礼文化为中华传统文化的标志，起源最早、内容最广且多元一体。在"礼崩乐坏"的春秋末期，孔子提出"复礼"主张，倡导社会公平，"复礼"从本质上讲是一种道德重建或文化复兴。可以说，孔子是第一个提出中华民族伟大复兴的人，他把道德重建或者文化复兴视为中华民族伟大复兴的关键内容之一。礼教本质上是一种价值观教育，礼文化的结构和功能决定了它具有丰富和多样的价值内容。礼教对于人和社会具有重要的影响，它的精神在中华民族精神中位于核心地位。礼教本身就是对礼的精神的弘扬，是中国传统社会意识形态建设的基本方法。在推进社会主义核心价值观建设的过程中，我们应当积极借鉴古代礼教的成功经验，实现礼教与社会主义核心价值观教育的融通。

一、礼教与中华传统文化

"礼"是中华民族的根本特征和标志，中国自古以来就是礼仪之邦。"礼仪之邦"这一国家形象是在几千年来的文明传承发展中形成的。以礼为政是中国古代传统政治治理方略。儒家主张"道之以德，齐之以礼"，不断拓展"礼"的内涵，坚持以礼为学、以礼为治、以礼为教，礼的精神贯穿于国家政治、社会以及个人发展的全过程。在中国传统社会，"礼"是一种秩序、文明追求、行为规范和社会控制手段。孔子对周礼的传承创新实现了礼的系统化、理论化，为礼文化的传播做出了很大贡献。

（一）礼文化为中华传统文化的标志

中华文明发展史就是礼文化的发展史，礼文化是中华传统文化的特质，是中华传统文化的标志。在历史演进中，礼文化制约着人民的思想、言论和行为。如孔子所说："非礼勿视，非礼勿听，非礼勿言，非礼勿动。"礼是中华传统文化的核心。春秋末期，孔子把"礼"纳入自己的思想体系，将"礼"融入六经。孔子对礼文化进行了全方位、多层次的论证，解释生命的本质和意义，提出了一个基于"礼"的和谐共处社会理想，之后，"礼"的精神逐渐成为中国传统社会普遍接受和认可的社会意识形态。

"礼"作为中华传统文化的标志，主要表现在以下三个方面：

　　首先，中国的礼文化起源是最早的。大多数民族的礼文化在发展中或者走向世俗化或者走向宗教化。在中国，一方面，"礼"成为处理和整合宗法社会内部各种关系的规章制度和伦理观念。另一方面，礼文化逐渐与道德、法律、政治、宗教、哲学等结合在一起，"礼"成为最基本的行为规范。中国礼文化有三千多年的历史，它起源很早，一直贯穿到近现代社会，具有普遍意义和原始性。关于"礼"的起源，有人认为，它产生于物质文明的发展，产生于习俗，产生于原始崇拜。

　　其次，中国礼文化内容最广。"礼"是一切的根本，是衡量一切的标准。它体现了天道变化、万物生长和人事变迁的规则。周公领导的"制礼作乐"是一个宏大的文化工程，极大地丰富了礼文化的内容。

　　最后，中国礼文化多元一体。礼文化认为"道附于事而统于礼"，也就是说，中国传统文化的"礼"表现为内容与形式、精神与物质、知与行的统一。秦始皇在大一统之后，秦国成为当时世界上最大的国家，在幅员辽阔的广大地区，居住着诸多民族，他们在统一的中央政权之下，实现文化的交流、融合是必然的。为了统一文化，秦始皇采用"书同文"等措施，对中华文化共同体的形成发挥了主要作用。

（二）复礼与中华民族伟大复兴

　　从本质上讲，"礼"是施礼者和受礼者的双边活动，作为行为规范、典章制度是客观存在的。最初，受礼者为祖先等，当礼被应用于人际关系的时候，施礼和受礼就成为履行行为规范的活动。礼文化的发展推进了"自然人"成为"社会人"。礼从产生的时候就具有社会的组织功能和维护功能。在孔子时代，礼已经有比较完备的形态了，这就是周礼。孔子曾说"述而不作""吾从周"，足以表明孔子对周礼的推崇。

　　那么，孔子为什么要提出"复礼"的要求呢？在孔子所生活的时代，社会生活中违礼的现象不断增加，周礼已经难以发挥曾经的约束力了。"周礼向何处去"成为时代的重大课题。孔子的"复礼"主张，旨在让社会摆脱战乱的社会状态，恢复已经失去的"礼乐文明"。道家和儒家都看到了现实境遇，因此，实现中华民族复兴是时代提出的课题。"复礼"就是恢复周礼、回到周公，这是重塑和谐社会、复兴礼乐文明的必由之路。孔子的"复礼"主张，曾经多次受到批判，甚至被冠以"开历史倒车"的帽子。实际上，和老子不同，孔子想寻找一条复兴的可行道路。如果说，战国不是孔子所希望的，但是秦朝的统一不是孔子所希望的吗？特别是汉代所开启的中华文明昌盛不是孔子"复礼"所追求的吗？我们认为，回答应该是肯定的。当然，这需要从中华民族复兴意义上理解孔子的"复礼"才能得出这样的结论。

孔子的"复礼"主张，是针对当时为官之人的贪婪等发出的呐喊，是代表广大被统治者提出的重建社会公正的要求，从这个角度来看，无疑是合理的。孔子主张"复礼"，倡导社会公平，批评不合理现象，正是他的主张，让他成为传统道德的化身。历朝历代的尊孔，与孔子这一道德形象的标签效应有着直接的关系。孔子的"复礼"，说到底就是一种道德重建或者说是文化复兴，同时，在孔子那里，把道德重建或文化复兴视为中华民族伟大复兴的主要内容。

二、礼教的功能与内容

中华传统礼学有着极其丰富而复杂的内涵。古礼是一种具有规范性的人文文化。"礼"的制定和实施的根本目的在于借助人的品德教育和疏导来规范人的行为，从而构建一个等级分明、协调一致的社会共同体，以维护和促进社会秩序的稳定。古礼不仅有鲜明的伦理道德色彩，而且具有极强的政治教化功能。礼教是校正民风的有效方法，对民众形成核心价值观念具有极其重要的作用。

古礼具有重要的教化功能，古代的圣人制定和实施礼教的目标就是为了教育人民。它本来就有复古、保守的一面，也有教化、升华的一面。

我们需要看到其合理性。古礼的功能是多方面的，但是，儒家最为看重的就是礼的教化功能。

首先，礼教重在教人以"明分"，教会人们明辨是非，自觉遵守。因此，"礼"具有维护社会结构稳定和等级秩序的功能，能够确保上下相固，社会和谐。从根本上说，礼如同现代的道德和法律规范，规定了人们可以做什么和不可以做什么。孔子说："礼是什么呢？礼就是做事情的准则和规矩。如果治理国家不用礼，就不知道到何方。"

其次，礼教关键在于防人之"贪欲"。"礼"具有约束性、规范性、普遍性，而"情"则具有个体性、自然性、需求性。人的情欲是无止境的、贪婪的，"礼"正是对于"情"的一种规则。通过"礼"的教育可以让人们从善，有效防止贪欲。教育就是明德于天下。

三、礼教的核心内容

礼教是儒家教育思想的基础，传统的"礼教"先受到反封建礼教的冲击，然后又遭遇到"文革"的批林批孔运动，所以，孔子的"复礼"成了复辟的代名词，带有一定的政治色彩。从源头来看，"礼"的最初与"俗"混合，"礼"的表意方法和传承方式，都具有符号功能。"礼"的传承方法就是教育的方式。孔子是儒家的祖师，是中国儒家礼教理论的集大成者。孔子坚持从"以礼为教"出发，在其进一步的发展中，丰富了以礼正心、以礼修身、以礼齐家、以礼治国、以礼平天下、以礼修史等思想。

儒家的"礼"围绕着"怎么做人"展开，也就是讲的是为人之道。礼教的内容当然就是为人之道。"礼"的内容当然也就是为人之道。"三纲"是礼教的核心内容。儒家教育认为生活处处都需要"礼"，人们一言一行、一举一动都要符合"礼"。古代通过"礼"来规范学生的行为规范和思想认知。孟子认为，学问之道就是知礼。儒家主张教学相长的过程就是明礼、习礼、执礼，目标就是实现知书达理的教育目标。

（一）礼教的方式

"礼"是精神道德内核，是社会关系和社会秩序的表现，同时，礼教可以推进官风和民风的根本好转。礼教作为一种教育方式，有以下三个特点：一是礼教建立在人际传播基础之上，更容易对人的思想和行为产生深远的影响。人生需要协调和处理个体与他人、个人与社会的关系，关于如何处理好这些关系，孔子主张"和而不同"。构建良好的人际交往关系，必须进行礼教。因为，"礼"是确定人与人之间关系、地位的标准，是人际传播的基本原则。"礼"这个概念"属于社会的制裁""属于人为的艺术"。

礼教是个体社会化的必然选择。《论语》载："道之以德，齐之以礼，有耻且格。"用道德来引导，用礼教来整治，老百姓就会有自觉的廉耻之心，心悦诚服。礼教关注反求诸己，注重自我修养、行为养成。礼教是我们今天推进道德教育的一笔宝贵财富。"礼"虽然是一种外在的行为规范，但是，外在行为规范必须通过主体的内化才能发挥作用。所以，自我修养很关键，这种"养成需要遵循礼的教化，需要一日三省"。

礼仪教育是学校道德教育的有效方法和途径，为此，我们需要通过礼仪习惯的养成，让大学生做到礼貌兼习、行为美和心灵美的统一。礼乐文化是中华传统文化的核心，"礼教具有工具性价值，能够指引人们按照正当的途径去满足自己的需要，也能够有效地化解人的需要而造成的相互冲突"[①]。在新文化运动中，中华传统礼教被称为"封建礼教"，几乎遭到全面否定。礼教具有选择、传递、弘扬中华民族传统美德的使命，为此，必须总结古代礼教的宝贵经验，传承创新古代礼教传统。礼教本质上是一种修养道德和健全人格的教育，高校借鉴礼教方式推进社会主义核心价值观建设，可以实现道德教育的生活化、社会化和时代化。

---

① 曾长秋.礼教：中国传统德育的重要内容和有效载体［J］.中国德育，2011（2）：70.

（二）礼教与社会主义核心价值观教育

礼教本质上就是一种价值观教育，礼文化的结构和功能决定了它具有丰富多样的价值内容。从礼教对于人类的价值来看，"礼"是人与动物的分界线，"礼"与"让"是人和动物的两点不同。从礼教对于社会的价值来看，包括以天下大同为目标的理想价值和以小康社会为目标的现实价值。"礼"的精神在中华民族精神中居于核心地位。"礼"的精神渗透在古代社会制度和社会意识的各个层次和各个方面，礼教本身则是"礼"的精神的弘扬。"礼"的精神渗透在政治思想、法律思想、哲学思想、文学艺术、宗教神话等多个方面。礼教是中华民族精神的整体性渗透，礼乐文化之中蕴含着仁爱精神、和合精神和恭敬精神。礼乐教化是中国传统社会意识形态建设的基本方式。从中华传统文化教育的历史经验来看，中国比较注重礼乐教化的传统，注重把礼乐文化精神融入礼仪活动，注重养成教育，同时，重视运用"环境场"的力量塑造人。在社会主义核心价值观建设中，必须广泛汲取中国古代价值观教育的成功经验，包括礼教的经验。

1. 礼教的价值系统

孔子一方面比较注重对礼教的道德价值和人文精神的发掘、整理和提升；另一方面对于礼教的传播做出了巨大贡献。中华传统的礼文化是一个文化系统，它以自然礼为源头，以社会礼为基础，以政治等级礼为主干。儒家对礼文化进行了全面系统的梳理和传承。儒家的礼教本质上就是一种价值观教育，因为，礼文化的结构和功能决定了它具有丰富和多样的价值内容。比较而言，文化的价值比商品的价值要高很多，它是最高形态的东西。

礼文化有着多元、复杂的价值结构。首先是礼教对于人的价值。社会生活中的每一个人都承载着一定的文化指令，礼教支配人的行为和品德。礼教始终把人格塑造、道德养成放在中心地位。其次是礼教对于社会的价值。在《礼记》中，礼教的理想价值就是大同社会；礼教的现实价值就是小康社会。中国文化先发展起来文明，然后发展起来国家。在国家形成之前，有一个天下大同的文明时代。从现实价值来看，儒家追求的小康社会是按照礼文化的要求建立起来的一种社会秩序，虽然具有理想的成分，但是却以现实为基础。礼教的目标在于实现天下一家的"大顺"。

2. 礼教与中华民族精神

礼教集道德教育、法制教育、政治教育等于一身，是中国古代治国理政的重要方式。为了构建一种和谐稳定的社会秩序，统治者制定了关于"礼"的规则。

"礼"的本质中贯穿着"礼"的精神，而礼教本质上则是"礼"的精神的弘扬。"礼"的精神在中华民族精神中居于核心地位。"礼"的精神渗透在古代社会制度和社会意识的各个层次和各个方面。从一定意义上说，中华民族就是一个"礼"的民族，中华民族精神就是一个"礼"的精神。中国既注重伦理，又注重"礼"，两者本来就是一体的。蕴含在人伦关系中的"礼"的精神是中国哲学的基本构成要素。

从宗教神话来看，中华民族并不重视创世的统一神的崇拜，中华民族很少有宗教感情，中国人自然神的崇拜和祖先崇拜往往联系在一起。中国人神灵崇拜的着眼点是天地自然和文化发源的祖先，前者是对自然赐予的崇拜，后者是对人际血缘的崇拜。中华民族是一个具有审美观念的民族，中国人的审美观念之中融入了"善"的内核，而"善"具有现实的理性内容。中国审美观念的根本特征是以善为美。这种"善"在本质上又是由礼的精神所规定的。因此，我们看到，在中国古代的艺术作品中有着明显的礼文化倾向。从民风民俗来看，它在普遍的下层社会结构和生活方式的诸多方面体现着礼的精神。

3. 礼教与社会主义核心价值观建设的借鉴

周公"制礼作乐"，建立了一套完整的礼乐制度，为西周时代的礼乐文明做出了卓越的贡献。"礼"重在规范人们的权利义务关系，"乐"重在教化人的思想情感，礼乐并施旨在构建上下亲和、有序稳定的社会关系。春秋末期，面对"礼崩乐坏"的现实，孔子提出"复礼"主张，强调发挥礼乐的社会功能，试图通过礼乐精神的弘扬复兴礼乐文明。礼乐文化之中蕴含着仁爱精神、和合精神和恭敬精神。礼乐教化是中国传统社会意识形态建设的基本方式。

礼教对于社会主义核心价值观建设的启发在于要把"核心价值观"的教育要求化为民众的日常行为规范，创造有利于践行社会主义核心价值观的环境场，调动人们践行社会主义核心价值观的积极性①。文化往往在寻根的过程中会迸发出更加强劲的力量。北京大学汤一介教授说："一个新文化的发展常常要回到它的原点。"今天的核心价值观建设必须广泛汲取中国古代价值观教育的成功经验，尤其是礼教的经验。比如，"礼乐文化要求人们按照礼的规范和乐的原则来处理人与社会、人与自然的关系，从而形成稳定的社会秩序、和谐融洽的社会关系"②。这对于我们构建社会主义和谐社会具有重要启发。儒家礼乐文化重视德治的思想应该借鉴，因此，要坚持以德治国。

第四节 国学经典与社会主义核心价值观的贯通

什么是国学？学术界有着不同的理解，其中一个重要的文化学派把

---

① 韩云忠，王丕琢.礼乐文化精神与社会主义核心价值观［J］.理论月刊，2013（8）：155.

② 王文建.儒家礼乐文化与社会主义核心价值体系建构［J］.社会科学家，2013（5）：146.

国学理解为以儒、释、道三家为主的中国传统思想文化。我们主要也是在这个意义上理解和使用国学的。没有大众化国学便发挥不了其应有的教育影响力。近年来，我们党对于中华传统文化教育的高度重视，焕发了国学教育的春天。

中华民族要想富强繁荣发展起来，就必须善于客观地总结吸收传统文化的理论精髓。一方面，要从自身的文明发展史中汲取智慧和力量；另一方面，要将自己的传统文化和文明价值观与人类现代文明的价值观接轨，并且实现"洋为中用"的整合。立足国学文化理念的传承与弘扬，引领大学生提升文化自信，自觉践行核心价值观。

国学教育是国民教育的组成部分，我们必须以立德树人为目标，真正把国学教育变成提升国家文化软实力和涵育社会主义核心价值观的立足点、根本点。国学教育只有与弘扬主旋律、传播正能量合流，贴民心、接地气、见实效，才能获得长足发展，彰显时代价值。

一、国学与传统文化

国学的生成与发展经历了东西方文化的激烈碰撞，因此，国学之中包含着多元的价值标准、价值观念和价值取向，有着较为复杂的价值负载和社会担当。对于传统文化，我们一直持有一种非常保险的态度，即"去粗取精，去伪存真"。但是，在具体的"选择"和"割舍"之际却会因时代不同、主体不同而出现多样化的情形。"古为今用"的真理不言而喻，但却因"古为"的多样和"今用"的复杂而流于形式和空泛。"古为"需要解决从国学和传统文化之中汲取什么样的思想理论资源、精神道德资源问题；"今用"需要解决构建中国特色社会主义先进文化的样态样貌问题。核心价值观的提出从根本上解决了"古为今用"的立场观点和方法，对于我们建设社会主义文化强国、增强国家文化软实力有着深远的重要意义。对待国学和传统文化，我们应当坚持双创的原则，实现民族文化基因的当代传承与发展，让中华优秀传统文化在新时代重放光彩。

国学和传统文化有着共通共融之处，这就是它们的文化精神。张光兴教授认为，这些文化精神主要包括"人文"精神（挑战"天命""神权"，唤醒人类精神）、"和合"精神（事情的协调、顺利）、"自然"精神（人道服从天道，把自然摆到至高无上的位置）、"通变"精神（始终不渝地坚持求新求变）、"担当"精神（勇于承受、敢于负责，强调公利优先）、"民本"精神（体现为"民惟邦本""民贵君轻""爱民仁民""利民富民""顺民得民"等）。国学教育与社会主义核心价值观教育融通的一个重要问题就是实现民族精神向时代精神的创造性转化，作为支撑力量提升国家文化软实力。

（一）国学的价值

国学的真正出现始于"西学"的强烈冲击。近代以来，国家成为教育发展的重要推动力量。国学复兴于国家崛起之际，在国学的现实价值诉求中始终贯穿着救国兴国和强国的主旋律。国学之"国"中的主旋律集聚着它的正能量。它所承载的爱国情感和兴国智慧是我们实现中华民族伟大复兴的精神支撑和力量源泉。

如何全面地认识国学？第一，国学乃中国之学，非汉族、汉代或儒家之学。中国传统文化是多元的，博大精深，兼容并包，因而不能将国学只聚焦于孔孟之道和一些汉学典籍。第二，国学虽然表现为古代天文、历法、算法、术数等学科知识体系，但是，国学的灵魂却是中华优秀传统文化和传统美德。国学和中华传统文化有着共同的价值承载和责任担当。第三，国学之中"国粹"和"国渣"并存，需要经过提纯和重释方能获得精髓。取其精华，去其糟粕，否则就会使国学教育偏离正轨。第四，国学是民族的、本土的，但是，它又是开放的，它兼收并蓄、多元发展，融合了蒙、满、回、苗等少数民族的文化，以及佛教外来文化，经过融会贯通，形成具有生命力和广泛包容性的中华民族传统文化。第五，近代以来，随着"西学东渐"的展开，与"新学""西学"等相对应，人们开始称中国固有的文化为国学，因而，国学的生成发展经历了东西方文化的激烈碰撞。

国学概念有其特定的内涵与外延。国学是一种学术或学问。人们对此基本认同。不同时期关于国学的论争恰恰是因为对它的外延做出规定的"国"字。中国古代的"国"有着地域性质的"城邦"之意或者集权性质的"王朝"之意，与现代的"国家"有着本质的差异。"知识论"与"价值论"是不可分割的。如果国学脱离涵育社会主义核心价值观的价值承载，那么，它便会在社会生活中日益失去生存发展的空间。过去，人们常常误以为改革、发展的阻力源自传统，因此，认为实现现代化就要与传统彻底决裂，这种彻底否定传统文化的倾向等于切断了中华民族发展的根脉。传统是现代的来源，如果一个民族切断了自己的文化传统，那么它就失去了自己的文化之"根"。这个道理是显而易见的，我们现在谈论国学和国学教育，与20世纪80年代所谈论的根本不同了。今天，我们的立足点是文化自信和文化自觉，是提升国家文化软实力。弘扬国学文化与现代化建设相结合，这样的国学才能有真正的生命力。

（二）国学教育与中华传统文化教育

国学之"国"拥有民族与国家两个层面的话语体系。国学教育担当着"国家建制"和"民族建制"的双重任务。从"民族建制"来看，国学教育担当着传承中华民族传统文化基因、增强中华民族的自信心与内聚力的社会责任。国学教育与单纯的中华传统文化教育不同，它的重心不是为大学生呈现中华传统文化发展的脉络，而是以其特有的比较视野激发大学生的文化觉醒意识，带领他们辩证地看待过去、现代和未来。王子今认为，新国学教育和中华传统文化教育应当紧紧围绕"立人"的目标和任务展开，重点弘扬四个方面的文化精神，即"自由"思想（对自由思想的追求是"立人"的首要导向）、"民本"理念（培育符合现代民主体制的"国民政治"意识）、"实证"精神（通过国学教育继承实证传统，重视"考验事实""实事求是""审求根实")、"环境"意识（尊重自然、亲近自然，追求天人和谐）。

国学教育和中华传统文化教育的共同旨趣都是弘扬传统的核心价值追求，但是，弘扬什么样的精神以及如何弘扬的问题是我们必须首先解决的问题。现在，人们一讲国学往往就是讲儒学，一讲中华传统文化就是讲儒家文化。其实，儒学只是国学的一部分，儒家文化也只是中华传统文化的一部分。国学教育和中华传统文化教育都应当落脚于国格的培育，国格以人格为基础，人格以国格为依据。当代中国人的国格，从本质上看，是中华民族的民族精神与时代精神相融通的社会主义核心价值观。按照习近平总书记的中学老师陈秋影的说法，总书记"对国学情有独钟"，而且有着深厚的国学根基。

习近平总书记指出，实现现代化，需要哲学精神指引、历史镜鉴启迪和文学力量推动，国学研究理应担当起自身的社会责任。在习近平总书记看来，汲取智慧和力量，是我们探索和求解中国现代化发展过程中面临的一些诸如贫富差距、诚实守信与道德伦理等突出难题的必然选择。

我们开展国学教育和中华传统文化教育，绝不是单纯为了延续历史的血统，而是因为国学和中华传统文化中蕴藏了"大道"（包括天道和人道）。国学和中华传统文化教育融知识传承、技艺传承和精神传承为一体，重在人格品性的培养。中华传统文化博大精深，国学经典浩如烟海。因此，进行国学教育必须有所选择、有所侧重，把传统的民族精神融入时代精神，把古人的盛世观转化为今人的中国梦。国学教育和中华传统文化教育的精髓是人格品性教育，要立足马克思主义的立场、观点和方法，去粗取精，注意理论和实践紧密结合。

二、国学文化是孕育社会主义核心价值观的源泉

从社会主义核心价值观的视角来看，它的提出为国学优秀文化理念

的当代发展确立了价值方向，全新诠释国学优秀文化理念成为我们接续历史文脉的工程。中华民族的文化精神是国之神器，当代大学生的家国意识和人文情怀离不开中华民族文化理念的影响。从国学文化理念视角来看，其中蕴藏着大量社会主义核心价值观的思想火花和历史积淀。

（一）国学文化理念的存在问题

通常，儒、释、道三大流脉是中华传统文化的主体构成。"儒"即儒学文化，"释"即佛教，是世界上最有影响力的三大宗教之一，经历中国本土化后，超越性日益减弱，实用性日益增强。"道"即道教，可以看作本土生成的唯一宗教样态。长期以来，中华传统文化形成了儒、释、道三大流脉共存的格局。

从 19 世纪末 20 世纪初开始，面对西方文化的排挤，儒、释、道三大流脉共存的样态被打破，经过现代性的强烈冲击，开启了艰难的现代化转型。如今，在全面推进改革开放的过程中，中华传统文化经历着市场经济洗礼。

目前，基于"中国—西方"关系文化立场的思考，出现了复古主义和国粹主义、全盘西化、中西融合等文化思潮，但是，它们的本质不过是文化幻象。要解决中国文化的问题，必须立足中国文化的发展，并且超越"中国—西方"关系的思维模式。对于中华传统文化也应如此。站在中国文化发展的立场，我们理解到："五四"以来的"新文化"并非消灭了中华传统文化，而是以一种新的文化样态丰富发展了中国文化，形成了全新的中国文化格局，即中华传统文化样态和"五四"以来"新文化"样态同构的格局。中华优秀传统文化在当今中国的文化建构中始终存在并且发挥着作用。这是文化超越时空性的体现，也是文化的"双创"机制发挥作用的结果。

中华传统文化最注重人格培育，儒家重治国，道家重治身，佛家重治心。传统文化是中国的国魂、民魂，没有国魂、民魂的持久渗透和潜移默化，大学生心中便难以滋养民族精神和爱国情怀。

社会主义核心价值观与中华国学的核心价值取向一脉相承，国学文化理念是社会主义核心价值观的不竭源泉。"自强不息""以和为贵"等是国家层面核心价值目标的源泉；"仁爱""中正"等是社会层面核心价值目标的源泉；"忠""义""诚""信"等是个人层面核心价值目标。

国学文化理念存在于国学经典文献之中，要实现国学文化理念的当代出场，便需要利用科学的方法来诠释。这种诠释并非造成新的经学式的国学，而是要通过诠释赋予国学以时代气息和生命活力。通过诠释让国学从历史走到现实、从传统走到现代、从后台走向前台，赋予国学文本以新思想、新面貌和新活力，让国学完成超越。国学的现实性"存在"本质是在当代的出场，是国学的现代化。如何更好地诠释国学经典文本，帮助它与时代精神有机融合，这是国学现代化需要解决的首要问题。旧文本和新时代的矛盾是国学要解决的首要的矛盾，只有解决好这一矛盾，才能为国学的发展开辟广阔的空间。

（二）国学文化理念传承问题

在国学文化中，到处可见社会主义核心价值观的根脉和种子，它们真实地存在并且滋养着社会主义核心价值观。国学文化理念是我们先辈呕心沥血的创造，传承和弘扬国学文化理念需要我们在内心深处、在精神世界腾出广阔的空间。

一个国家和民族失去共同的文化标识、共有的精神追求，注定行无所归。文化自信是道路自信、理论自信、制度自信的根本，文化自信最基本的问题是对中华优秀传统文化的自信。我们应当把握好文化的两面性，应当把握文化的历史性与时代性，坚持立足传统、服务现代，坚持转化创新、融入当下；应当把握文化的民族性与世界性，批判地借鉴外来文化，坚持洋为中用；应当把握文化的意识形态性，用"核心价值观"引领中华传统文化的创新与发展。

为人民服务、为社会主义服务的"二为"方针，解决了中华民族文化发展的方向问题；百花齐放、百家争鸣的"双百"方针，解决了中华民族文化发展的方法问题，而习近平总书记提出的"双创"则解决了中华民族文化发展的道路问题。传承与创新、传统与现代是文化发展的基本问题。

"双创"是解决信仰、希望和力量问题的重要抓手。实现"双创"要处理好三个关系：一是重视广度和深度的关系。"广度"是弘扬传统文化的领域、区域和范围的广泛，"深度"是弘扬传统文化要与社会主义核心价值观的培育结合起来。二是注重整体和统一的关系。要看清中华优秀传统文化的"根系"和"血脉"，朝着时代的太阳生长，中华优秀传统文化的大树才能在新的历史时期结出硕果。既要看到国学文化理念的历史性，又要看到它的超越性，力求推陈出新。把历史时间维度的统一性和社会空间维度的整体性结合起来。三是搞清主场与主导的关系。国无德不兴，人无德不立，领导干部的德行最重要。

（三）国学文化理念占领问题

高校是大学生心理发展和社会主义主流意识形态的前沿阵地，这个阵地的颜色和旗帜关系着中华民族的前途和未来。我们必须要比敌人抢先占领阵地。思想文化阵地是一个没有硝烟的战场，在这个战场上，国内外敌对势力和我们共同争夺年青一代。因此，我们必须要有敏锐的政治意识、强烈的阵地意识和占领意识，有责任心地守住、捍卫自己的领域。

高校意识形态阵地建设是一项战略工程、固本工程和铸魂工程。具体而言，高校意识形态阵地主要包括"课堂主阵地""宣传文化阵地"和"互联网新阵地"，这些阵地只能用马列主义、社会主义核心价值观来占领，它们担负着研究、宣传的重任。那么，国学和国学教育在高校社会主义意识阵地上占有什么样的位置，抑或有没有、应不应该有自己的一席之地呢？国学文化经典文献是前辈的优秀成果，是中国乃至世界人民的财富，因此，理应在我们的内心深处为它腾出一片"位置"。

其实，国学文化理念是中华儿女的文化基因、文化根脉，对于我们而言是一种遗传密码，是一种源生性、先天性文化，植根于我们的心里，只需要适当的阳光和水分就能够开花、结果。我们今天所关注的是国学和国学教育在高校社会主义意识形态"前沿阵地"中的"位置"问题，以及面对高校社会主义意识形态"前沿阵地"，国学和国学教育如何"进场""在场"的问题。对国学文化理念进行"双创"，从而，进驻高校社会主义意识形态"前沿阵地"，实现国学和国学教育在高校立德树人过程中的"在场"。

高校的思想文化阵地不仅需要"马先生"把握方向、牢牢"驾辕"，而且需要"孔先生"内在驱动、持久发力。用国学文化理念涵育"核心价值观"要理直气壮，在大学生中唱响主旋律、传播正能量。要以争胜的决心抢占高校舆论"制高点"，牢牢把握高校社会主义核心价值观教育的话语权。占领高校思想文化阵地是传承和弘扬国学文化理念的前提，高校的思想政治教育工作者需要完成从外化到内化，再从内化到外化的两次飞跃。

要"让国学经典更接地气"，要从小抓起，从青少年开始培养，从细微处着眼，以点带面，"调动民众主体性，推行实践养成"。

用国学文化理念滋育学生美好心灵、培植学生道德情操，努力创建具有自己人文特色、兼容并包的教育氛围，精心设计校园空间文化，通过国学文化元素的介入和搭建国学教育平台，充分发挥校园文化的教育功能、导向功能和调节功能。一方面，"以传统文化的精髓提炼校园精神文化"。另一方面，"以人文意蕴营造高雅的校园环境"。注重把国学文化理念融入学校的物质、人文、制度、学术和自然环境之中来，激励、唤醒大学生对真善美的追求。

三、国学教育的目的、价值与重点

高校的国学教育有着现实的社会担当，国学经典文献中所蕴含的文化理念要真正变成国家文化软实力建设和社会主义核心价值观建设的智慧和力量，离不开我们的"双创"。国学教育不能与社会主义核心价值观教育分开，核心价值观是心理基础和幸福感的来源。国学教育有自己的历史使命和责任，今天，我们开展国学教育需要重新建构人民大众共同分享的文化共同体，借此提升国家文化软实力。

（一）国学教育的目的：服务于立德树人的根本任务

21世纪以来，"国学热"再次升温并且产生了广泛的影响。"国学热"的现实观照必然会涉及立德树人的问题。不少国学教育的弄潮者希望借助它来救世。在经济全球化背景下，市场经济对人们精神世界的冲击不断滋生拜金主义、享乐主义和极端个人主义，它们像三把利剑穿心，腐蚀着人们的灵魂。周围的高楼大厦让我们见证了物质文明的发展，街上的"灯红酒绿"也让我们看到了精神世界的荒芜。"国学热"和向中华优秀传统文化的"回归"，显然是一种积极的应对措施，是一种重建精神家园的战略。高校的国学教育有着现实的社会担当，一定程度上也承担着立德树人的任务。

汉代以来，儒学成为中华民族文化的正统，并且成为社会主流的意识形态，深刻影响了国学的研究与传播。进入科举时代后，儒学成为正统教育的主要内容。历代执政者之所以重视儒家文化就在于它的道德教育功能和人格塑造功能。这种社会导向，使得做学问成为"取名致官"的基本途径，于是，"学而优则仕"成为中国传统读书人的基本信条。由于政治权力的介入、功名利禄的诱惑，部分读书人出现了一定的人格扭曲。

在五四运动开启的新文化浪潮中，传统国学教育的弊端成为中国先进知识分子批判的对象，他们极力倡导新文化，试图用新文化塑造

"新人"。鲁迅先生看到，传统国学教育的本质是一种"奴性"教育。诚然，传统国学和国学教育并非一无是处，它本身拥有着积极健康的文化内涵。

一个社会和国家的发展进步，离不开经济基础的繁荣发达，也就是社会主义物质文明建设。同时，为了满足人们精神上的需求与享受、建设社会主义精神文明，国家应宣传正向、健康、积极、科学的价值观念，提供丰富的文化产品。文化交流、交融的成功与失败，一定程度上取决于以大学生为代表的人才资源的能力和素质。鲁迅先生说："角逐列国是务，其首在立人，人立而后凡事举。"这一句话点出了国学教育在经济、文化、内政外交建设中的作用，"新文化"运动时期反省的核心是立什么样的人、用什么来立人。

（二）国学教育的价值：传承和弘扬中华优秀传统文化

"国学热"在20世纪90年代兴起，经过多年的持续升温，国学已经成为一种显学。从中华民族文化经典中去寻求活水回溯的力量，借此唤醒文化自觉，增强文化自信，为"国学热"找到了现实的价值对接。目前，大部分人把国学理解为以儒学为主体的中华传统文化和传统学术的总称。伴随着民族伟大复兴的步伐，国学教育被赋予了传承文化命脉的社会责任和文化使命。然而，用国学经典浸润涵养大学生是高校完成立德树人任务的必然选择。这里涉及国学教育价值的合理定位问题。

对于国学和国学教育，不论是持"万能论"的观点，还是持"无用论"的观点，都是不可取的。我们既不能夸大也不能贬低它的作用。一些国学教育的推崇者往往把国学看作是解决当今人类严重生存危机的救世良药。他们提供一些论证，比如，季羡林先生的名言："21世纪是东方文化的世界"。还有西方学者的一些著名观点，如心理学家荣格认为，解决人类的生存危机，必须学习从东方整体把握世界的智慧。再如，瑞典科学家阿尔文认为，人类要生存下去必须去汲取孔子的智慧。显然，求解现代性的危机，需要从国学经典文献中汲取智慧和力量，但是，由此断言"中华传统文化具有根本消除人类危机的基本素质"，便是有一种"文化自大"的情结。

"文化自大"不可取，"文化自卑"同样不可取。实际上，国学经典文献中所蕴含的智慧和力量，离不开我们对中华优秀传统文化的"双创"。尽管不少人主张"少谈主义"的单纯国学观无可厚非，但是，看不到国学是知识性与价值性的统一，便无法找到国学发展的时代主题。撇开社会主义核心价值观建设谈国学教育的发展，便会迷失国学教育的方向。

认识国学的本质特征和核心内容是推进国学教育的前提。了解为什么教、教什么内容、怎么教正是把握国学教育的关键。国学包含的观念、价值、情操和规范等，认同度高，容易得到普遍的接受，推进国学教育必须抓住核心、把握重点，无须单独成为一个教育体系，同时，不搞花架子。或者说，传承和弘扬中华优秀传统文化恰恰是国学教育的价值所在。国学是我们对抗西方文明侵扰的利器。国学经典著作内涵中华优秀传统文化，是高校国学教育和文化传承的重要内容。在高校开展国学教育有助于我们防御和抵抗国外价值观的入侵。

国学教育说到底是要落实到人才培养方面，应当把重点放在助推大学生道德精神的发展。具体而言，一是提高大学生的人文素质。学习和阅读国学经典可以让大学生汲取传统文化的精髓，实现对传统文化的认同，夯实大学生的文化底蕴，使之真正成为传统文化的传承者。二是修身养德，立身做人。国学教育的重点不是解决"做事"问题，而是解决"做人"问题。如儒家教育的基本目标就是"君子德风"，重在培养"君子"一般的人格，即"好学善问、严以律己、慎言敏行、温厚宽容、见利思义、崇德向善、勇于改过、安贫乐道"等。三是坚守民族精神，弘扬民族文化。我们应当传承和呵护国学经典。

守住原本的民族精神，才能解决现代性问题，在古典智慧的观照下找到答案。国学经典是我们民族精神的密码，在这一精神资源面前，我们必须仰之弥高、钻之弥坚。

（三）国学教育的重点

一个健康发展的社会，它的主流人群应当奉行共同的核心价值观。人们奉行共同的社会主义核心价值观才能感到幸福。正像孔子所讲："道不同不相为谋。"人们追求的理想目标不同便无法在一起共事，更难以协同共进。

"道"既包括天道又包括人道，它是中华传统文化最核心的价值理念之一。"国学热"的出现以及国学教育的呼唤，都有其特定的理论和实践背景。近代"国学"生成与发展，有其特殊的历史背景和文化前提。一方面是救亡图存的需要，救国于水火就需要精神文化的支撑。由此推动了对中华传统文化的反思。为了实现中华之崛起，为了能够雄立于世界舞台，我们需要从国学之中汲取怎样的智慧力量和精神营养？这恰恰是反思中华传统文化的根本所在。

另一方面是"在世界学术体系的背景下对中国民族特性的探索，期望从中国传统学术中找到中国近代化的基点"[①]。近代以来的反思，形成的国学研究的基本传统是立足科学与民主的视角，运用西方学术理论、方法，分析研究中国传统文化的现代化问题，其中，一个可贵的共识在于：中华民族原创精神和文化传统是中国现代化的坚实基础。当代的"国学热"是在中华民族伟大复兴的背景下兴起的。

方光华教授认为，20世纪末兴起的"国学热"，主要原因在于"人文忧思的盛世危言""文化自觉思潮的反映"和"全球化进程中文化多样性需求的反映。"他认为，国学是"中国传统文化自有的学问"，是"一门

---

① 方光华.国学与文化自觉［J］.浙江社会科学，2012（12）：108.

与现代西方学不同，具有鲜明综合性的特殊学问"①。从本质来看，"国学热"重新反思和建构中华民族传统文化与中国特色社会主义文化的关系，以一种文化自信和文化自觉的姿态，汲取传统文化的智慧和力量。中华儿女有两大历史任务，第一个任务是"民族独立、人民解放"，第二个任务是"国家富强、共同富裕"。这些开始于近代对于国学的反思。哪些原创精神可以支撑我们实现两大历史任务？这就是国学需要回答的问题。第一个历史任务关系到中国从传统走向现代化的问题，第二个历史任务关系到中国屹立于世界民族之林的问题。第一个历史任务，从时间维度看，就是由过去到现在再到未来，就是国学教育应当把中华优秀传统文化融入中华民族的伟大复兴，奠定中国特色社会主义现代化的精神文化根基。第二个历史任务，从空间维度看，就是由地域走向全球、由中国走向世界，在世界范围内的文化交流、交融、交锋中始终保持我们的文化优势和精神独立。

国学教育的重点必然与它所担当的历史任务和社会责任直接关联。我们今天开展国学教育，重点不仅是传承中国传统文化、延续中国历史文脉，还是重新建构人民大众共同分享的文化共同体。国内高校应当运用国学之中蕴含的爱国情感、民族精神、道路荣辱和民族礼仪等思想文化资源涵育大学生社会主义核心价值观。

当前，大学生的国学教育应当专注优秀民族精神、优秀民族品质和优秀民族风范的培育，即以爱国主义为核心的民族精神以及民族风范。

社会主义核心价值观作为国学教育的重点，培育德、智、体、美、劳全面发展的人才。高校的国学教育，尤其是对于培育"四有"新人中的"有文化"具有特殊的意义。大学生是国家重要的人才资源，他们对中华优秀传统文化的继承与发展，关系到现代化的未来，关系着中国梦的实

---

① 方光华. 国学与文化自觉 [J]. 浙江社会科学，2012（12）：113.

现。中华传统文化最大的特性是兼容并包，虽沧海桑田但却历久弥新。在历史的演进中，经过多次巨大的文化碰撞、适应和融合，以儒家为主流的中华优秀传统文化通过"双创"，必将能够重新焕发生机活力。

第五节　高校践行社会主义核心价值观的路径

社会主义核心价值观指导着传统文化的发展，同样，彰显出传统文化的光彩，有助于我们更好地坚持社会主义核心价值观。"独特的文化传统，独特的历史命运，独特的基本国情，注定了我们必然要走适合自己特点的文化发展道路"。

只有立足当下，实现超越，才能弘扬优秀传统文化。新时代教育管理工作者需要有一种舍我其谁的气魄，担负起核心价值观的当代使命，为祖国培养新一代接班人。

一、践行社会主义核心价值观必须以中华优秀传统文化为沃土

对中华优秀传统文化的探讨和反思多源于"西学"的挑战，反映了中国传统学术向近代化和现代化的转化轨迹。高校教育管理工作者责任在肩，使命在前，践行社会主义核心价值观需要优秀传统文化的营养和涵育作用。

优秀传统文化让中华儿女心脉相通、文脉相续。越是希望枝繁叶茂，就越需要从根部汲取力量。中华民族伟大复兴和雄立世界需要从历史文化的深处寻求精神理论资源、汲取道德智慧力量。针对现代化进程中的信仰危机、价值错乱、道德沦陷、环境恶化等问题，我们应当从文

化哲学的高度提出根本解决之道，即恢复中华民族刚健中正、厚德至诚的文化精神，把我国建设成为兼具发达物质水平和高度道德水准的文明国家。在以欧美为中心的资本主义制度迷失前路、西方基督教文明和自由民主无法拯救人类社会发展困境的当下，中华优秀传统文化建构起来的社会体系和价值观念，以及中国模式、中国道路的成功实践，将提供新的中国方案和中国经验。中国方案和中国经验提供的是人类文明共同发展的大道。社会主义核心价值观的伟大实践终将有力回应"中国威胁论"的挑战。

二、践行社会主义核心价值观必须抓好高校大学生群体

社会主义高校的根本任务是立德树人，在"双一流"建设中，我们必须从中国实际出发，立足时代，面向未来，贯通中西，坚持把社会主义核心价值观建设作为育人工作的重中之重。习近平总书记说，当代大学生"朝气蓬勃、好学上进、视野宽广、开放自信，是可爱、可信、可为的一代。对当代高校学生，党和人民充分信任、寄予厚望"[①]。德育为先、立德树人是高校的本质特点。

青年是标志时代最灵敏的晴雨表，新时代要求青年有新的责任和担当。当代青年是新时代的开拓者、奋斗者、奉献者，他们被赋予时代的光荣和责任。不同时代有不同的精神和价值追求，核心价值观与民族、国家的历史文化相一致，可以解决时代问题。践行社会主义核心价值观要坚持内化于心，外化于行，从易到难，求真学问。我们必须苦下功夫，把道德修养和实践统一，脚踏实地，知行合一。

---

① 《习近平首次点评"95后"大学生》，2017年1月4日，https://news.qq.com/a/20170104/038458.htm。

三、践行社会主义核心价值观必须立足当代改革开放伟大实践

社会主义核心价值观不是抽象的教条，而是指导高校社会主义意识形态建设的理论指南，它在思考现实的思想问题中萌发，在解决现实的思想问题中发根，体现了高校思想政治教育工作的问题意识和担当精神。

大学生的人生观、价值观问题往往具有很强的现实针对性，社会生活实践是大学生人生观、价值观的直接来源。大学生应该坚持怎么样的价值观念呢？这需要我们从理论与实践、历史与逻辑、国内与国外等多重视域来回答。在全面深化改革的背景下，新情况、新问题层出不穷，虽然有些是老问题，但大部分是新出现的问题。这些新旧问题，构成了中华优秀传统文化与马克思主义互动和交融的现代际遇。为此，习近平总书记提出了中华优秀传统文化"双创"的重大课题。

从国家层面来说，中华优秀传统文化的"双创"要与提升国家文化软实力相结合，与夯实全民族的文化自信相结合，与社会主义意识形态建设相结合。从高校层面来说，中华优秀传统文化的"双创"要与高校校园文化建设相结合，与高校中华优秀传统文化教育教学相结合，与地域性的传统文化传播和文化产业相结合。中华优秀传统文化的当代出场必须立足于马克思主义立场，实现传统文化与社会主义伟大实践的统一。这既是中华传统文化的当代出场方式也是马克思主义中国化的现实路径。

"双创"是当代改革开放的伟大实践，是践行社会主义核心价值观的必然选择，它既要立足本土，又要着眼人类视野。本土的特点是：新时代有新的特征和课题，国内社会主要矛盾发生了变化；从人类视野来看，任何一个新时代的到来，必然呼唤和孕育一种新文化。新文化的诞生都是一个推陈出新、从实践出发反哺实践的过程。新文化的建设必须不能忘本，积极回应时代命题，扬弃外来，面向未来。随着世界多极化、经济全球化、信息文化多样化的发展，各国之间的联系日益加强，我国积极参与全球治理和国际秩序的变革，"双创"需要一种人类视野，需要被纳入人类

命运共同体的战略框架①。

从主体使命看，中国共产党带领人民群众主动扛起了传承、弘扬中华优秀传统文化的大旗，这是合乎历史必然性的，是一个正确的选择。从"双创"的要义看，其实质内涵与原则遵循有待清晰。从实质内涵看，以现实需求为尺度，以服务现实为旨归，以求解现实问题为指引，通过对中华优秀传统文化的"双创"，达到从中汲取智慧、力量的目的。从原则遵循看，我们应当礼敬民族历史和文化，辨识精华糟粕，抵制极端思潮，服务强国梦想。从"双创"的关键看，付诸行动与实践探索最为根本。"双创"本身是一种实践要求和实际行为，通过行动才能发扬光大中华民族丰富的政治智慧、文化资源、民族精神和价值理念。

---

① 胡一峰.新时代中华文化创新发展的本土命题和人类视野［N］.中国文化报，2017–11–03.

第五章

中华优秀传统文化与高校学生素质教育

大学生属于国家与社会发展建设过程中的一股主要力量，为了培养大学生的创新能力和实践能力，我们需要全方面、有计划地实施素质教育，以此提升大学生综合素质。素质教育在中国实行多年，取得了很多成绩，但是也存在不少问题。本章详细探讨大学生素质教育现状，指出问题，提出一些解决方案。

第一节 素质教育内涵

素质包括某种性质或品质，人的素质具有心理学方面的含义。广义上的素质概念不仅指个人，还指广泛的群体，比如职工素质、企业素质等。狭义的素质专指个体经过学习获得的心理品质。素质经过后天的学习而发展。

（一）素质的内涵

知识进行一定的内化和升华形成素质，知识只是素质形成和提高过程中一个发挥基础作用的元素，有足够的知识不一定具备较高的素质。素质属于一种比较稳定的品质，需要知识的积累和沉淀来获得，当知识积累到一定程度时，就会通过外在的形式表现出来。素质对一个人的影响深远，直接或间接地影响一个人对外界人和事的观点和态度。

素质不是持久不变的，随着外界环境的改变，素质会相应发生调整。可以说，素质具有稳定性和可变性。我们通过学习和深造能够提高素质，但不好的环境也会影响素质。从高等教育领域来看，素质由四个部分组成：文化素质、业务素质、身心素质、思想道德素质。

当前我国素质教育中的"素质"内涵为：对人们进行影响和教育，进而让人们在学历、品质、能力方面具备优良特征。学生的潜力是无限的，这些特征会在他们今后的工作、活动、生活中体现出来。基础知识和技能的学习让学生具备学识特征；道德品位属于品质特征；通过学习获得发现问题、分析问题和解决问题的能力属于另一种特征——能力特征。

素质本质上是一种结构系统和品质，其中，对外界事物的认知、相关生活经验的形成、个人的兴趣爱好等都属于素质的一部分。

心理品质内容丰富，既有情感、兴趣方面的，又有智力、认知方面的，既有专业知识方面的，又有思想道德方面的。三观是否深刻和正确、道德底线是否坚定等都是心理品质的一部分。

（二）素质结构

认识素质的本质需要我们了解它的结构。人的素质非常复杂，有独特的内容和特点。不同的科学分析侧重的角度不同，不全面，不完整，因此我们把各种分析综合在一起，可以更系统地了解素质。

1. 身体素质、心理素质和社会文化素质

（1）身体素质

身体素质是人类素质的物质基础，一般来说，身体素质包括体力、体质、体能、体形等。体力可以衡量一个人的身体是否强壮，体质指身体各个部分是否健康，体能指身体各个组织功能是否正常，体形指身体的形态塑造是否符合审美，这也是衡量身体素质的一个标准。

（2）心理素质

在这里提到的心理素质包括心理倾向性、心理品质、心理承受挫折的能力。狭义的心理素质与社会文化素质没有关系。如果一个人心理倾向性好，他就会努力追求自己喜欢的活动，排斥不喜欢的事物，有选择性地关注自己感兴趣的信息。当某种信息正好与自己的精神追求一致时，他就会产生感悟和启发，产生深刻的记忆。如果想加快知识经验内化，就需要找到个人的心理倾向性，提高培养的效率。

心理品质方面，我们可以有计划地培养一个人观察、记忆的能力，同时发展这个人的情感和意志。此外，一个人面对伤痛的承受能力，以及面对困难和刺激的忍耐力非常重要，也属于心理素质的一部分。

（3）社会文化素质

在前两种素质的基础上发展形成社会文化素质，这种素质是个人素质发展的最高层面。社会文化素质来源于个体与社会文化的相互作用，代表着一个人整体素质的方向和本质。

2. 思想道德素质、文化素质、专业素质、身体心理素质

从教育的角度出发，往往把人的素质概括为四个方面，即思想道德素质、文化素质、专业素质和身体心理素质。

（1）思想道德素质

这种素质的核心就是我们通常所说的"三观"。该素质是素质结构的核心和主导，主要包括理想追求、信念等因素。

（2）文化素质

没有一定的文化基础，无法谈及文化素质。文化素质是其他几个方面素质的基础，包含修养、文化基础、品位等，文化素质不高，身体心理素质也会受到影响。

（3）专业素质

社会上几乎所有的人都是通过专业工作来为社会贡献自己的力量，从事某种工作需要的基本素养被叫作专业素质。

（4）身体心理素质

稳定的身体和心理品质非常重要，这两种品质可以通过素质教育得到培养和锻炼。身体心理素质是整体素质的基础。

3. 科学素质、人文素质、身体心理素质

从知识经济发展要求的角度出发，人的素质结构可分为三种：科学素质、人文素质、身体心理素质。

我们在学习中通过掌握科学思想和方法，获得科学知识，借助科学来处理日常生活中的问题，这些都被称为科学素质。与科学素质不同，人文基础知识和人文思想、方法则被叫作人文素质。

人文就是以人为本，人们通过对自己、他人、世界有一个整体的认识，来追求生活的价值和意义，探索精神世界，更好地解决问题。什么叫作丰富的内在世界？一个人拥有正确的价值观、热爱生活、热爱人民、个性鲜明、审美积极上进，这些就代表着精神世界的富足。

人文的发展离不开科学，人文想要很好地发展，必须以科学规律为基础，反过来，科学需要以人文为方向。比如，利用现代技术进行一些违法乱纪的行为，这些就是反人文的、不道德的。同样，符合人文标准，但没有科学依据的也可能事与愿违。科学与人文相辅相成，互相配合，缺一不可。

正确处理和应用信息需要结合科学知识与人文知识，多学科合作才能解决难题。因此，大学生需要全面发展、广泛涉猎、多方向学习，努力做一个复合型人才，科学知识与人文知识都得关注和学习。

人文方法和科学方法的结合还可以促进个人创业能力、职业能力的发展。科学方法侧重逻辑分析，人文方法侧重反省、感悟。直觉、灵感更多来自人文和艺术中，但有些时候科学也需要直觉和灵感。

总的来说，科学讲"天道"，人文讲"人道"，科学从客观出发，是基础和前提；人文从主观出发，是为人之本。做一个素质较高的人需要将两者统一起来，正确看待社会、自然、他人和自己。

4.理性素质、感性素质、情感素质、身心素质

从对素质结构的概括来看，一个完善的人应该具有以下四种素质：理性素质、感性素质、情感素质和身心素质。

理性素质是一种根本的力量，具备这种素质的人可以做到逻辑思维清晰、思考问题客观、获得知识全面、分析问题深刻、解决问题精准。理性素质致力于追求"真"。

感性素质的根本动力是人类对"美"的追求。感性素质较好的人善于分享感受、品味生活、欣赏美好、体验幸福，他们具备这种需求和能力，致力于对生存环境的提升和对"美"的创造。

人与人之间关爱、关心和互助的内在需要被称为情感素质。对群体的关心、关怀加上爱的情感构成了情感素质。情感素质是人类关心集体利益、关注大局的情感基础，道德是它的活动领域，它的本质力量为对于"善"的追求。

身心素质指的是有一个健康的身体和健康的心理，身体健康，体能良好，同时具有良好的自我修复能力，不轻易受到内心的伤害。

很多人在关注理性素质时，会忽略感性素质，其实，感性素质让我们能够体会生活的美好，只有个人体验到美好和幸福，社会才可能实现幸福。一个人只有在感性体验能力方面提升了，才能真正感受到幸福。当今社会，人们拥有良好的物质生活，但是生活幸福感不能与物质生活相同步，感性体验能力是搭建物质文明建设和创造幸福社会的桥梁。一个人如果缺少感性体验能力，就容易过于看重实用性因素。

在日常生活中，建筑、设计、装修、建材、工业设计等工作都需要具备感性素质的人来从事，现代物质文明正是结合了感性样式和实用性能两个因素，才能得以被创造出来。

第二节　新时期大学生素质教育现状

一个国家的国民素质好，国家综合实力就高，国家发展就快。当代大学生是现代化建设的主力军，如何提高大学生素质教育早已引起社会广泛关注，这是一个复杂、漫长的过程。

一、大学生素质教育的现状

在学生思想道德素质、能力、个性、身心健康的教育和培养方面，素质教育可以发挥非常重要的作用。但就目前的情况来看，大学生素质教育还没有取得应有的效果。

（一）思想道德教育有待完善

对于"三观"尚未完全成形的当代大学生来说，素质教育非常重要，但是它在当今大学教育体系中仍然属于相对比较薄弱的环节。

针对大学生，合理地教育他们树立明确的社会意识。同时培养他们的道德意识、责任意识，敢于担当、乐于奉献，尊重传统、伸张正义，指导他们成为思想道德高尚的当代大学生。

（二）心理健康教育值得重视

在素质教育中，心理健康教育至关重要，两者相辅相成、互相支撑。学生在校生活学习期间，在集体生活中经常会遇到各种不同的困难和问题，进而产生心理压力，比如来自学习、生活、沟通等方面的问题等。在学校期间，老师需要关注学生的最新心理动态，多和学生沟通，了解他们的想法。

（三）创新与实践能力不容忽视

在中国，大部分学生受到"应试教育"的影响，分数高，能力低，缺乏创新意识，应对具体问题的能力差，不能把学到的知识学以致用，理论和实践不能很好地结合。

我国著名的教育家陶行知先生曾提出对学生进行"六大解放"，即解放学生的手、脑、眼睛、嘴巴、空间与时间。以上六点鼓励大学生积极投入实践，不局限于教科书，在实践中提升自己的能力。可见，素质教育在大学生的能力培养中非常重要。

（四）环境因素需要改善

传统观点认为素质教育和专业课教师无关，专业课教师只负责教授本专业知识，但实际上，所有教师在讲台上的一言一行都会对学生产生深远的影响。

大学生平时和自己的辅导员接触较多，课下与专业课教师接触很少，因此，辅导员对大学生的影响较大。另外，同学之间基本通过互相仿效来成长进步，让学生处于一种"逢人渐觉乡音异"的状态，但是同学们在领悟方面的能力也不是特别强，所以，环境因素对于素质教育的影响不可忽视。

二、加强和改进大学生素质教育的对策

（一）培养自主学习能力

自主学习比被动学习的效果更好。大学阶段，学生需要有自主查阅、收集知识、检索资料的能力，这些都属于自主学习的范畴。

高校应该从培养综合素质出发，将单纯传递专业知识逐步转换为探索"未知"，只有这样才可以激发学生的潜力，提升他们的学习能力。

（二）培养沟通能力

沟通能力受到知识、品德、素质等因素的影响。沟通包括语言表达、倾听、辩解等。人不是单独存在的个体，一切都是互动的结果，人也是各种关系的总和。所以沟通能力直接决定一个人能否获得成功。要实现顺畅的沟通，首先应该克服自卑、自我等缺点，倡导团队合作，勇于表达，建立积极的人际关系。

（三）培养健康的生活态度

健康的生活态度有利于大学生的学习和生活，身心健康才能顺利完成专业课学习，不断成长和进步。

对教师来说，高校教师应该以人为本，关注不同学生的不同需求，深入到学生当中，真正了解学生的想法，多关心帮助他们。

（四）加强教师队伍建设

教师在学生的成长成才中扮演者至关重要的角色。在素质教育中，教师负责引领和组织，通过各种不同类型的活动帮助学生全面发展。

教师给了我们振兴教育的希望，那么，社会和国家对教师的要求也应该不断提高，教师本身也应该对自己严格要求，不断学习和进步。

三、大学生素质教育的必要性

素质教育的实现需要社会、学校、学生三者共同努力，社会提供实践场地，学校提供良好的环境，学生自身通过自主学习和课堂学习实现素质教育。

在建设社会主义和谐社会和民族复兴的过程中，大学生素质教育面临很多挑战与机遇，大学生只有全面提高自身素质，才能达到素质教育的目标。

第三节　中华优秀传统文化对大学生素质教育的影响

作为一种既定存在，中华优秀传统文化必将制约高校思想政治教育，成为高校人文素质教育的文化背景。

优秀传统文化的精华会对学生产生积极影响，所以我们需要正确引导学生了解、接触优秀传统文化，把市场经济的消极影响降到最小。

一、中华优秀传统文化的基本要素

中华优秀传统文化是前辈们传承下来的优秀成果和历史的结晶。它的基本构成要素有以下几个：

首先，中国人内在的精神生活形式是中华优秀传统文化的核心。

其次，外在的物态形式也可以反映中华优秀传统文化的内容，比如人们衣食住行的习惯与行为规范等。

再次，传统文化具有民族性，属于世界多元文化的组成部分。特定的"生态环境"孕育了中华优秀传统文化，也养育了中华民族独特的心理特征和丰富多彩的文化特质。

二、中华优秀传统文化教育的必要性

进行中华优秀传统文化教育对于全面提升大学生的道德素质、文化素质，深刻领会中华民族的伟大精神，具有十分重要的作用。

（一）有助于提高大学生的思想道德素质

传统的观点认为，大学生"三观"教育和理想信念教育等宏观教育最重要，教师较少在为人处世方面指导学生，因此引导力度还远远不够。

中国古代的教育关注个人内心修养。古代教育家的理论广博、深邃，其很强的哲理规范影响着我们的道德行为和意识。中国优秀传统文化是关于"德行"的文化，关注人的道德修养。

优秀道德传统的范围很广，比如"仁者爱人""以德治国""厚德载道""实事求是"等，这些必然对当代大学生的思想、行为产生积极作用。

（二）有利于提高大学生的民族自尊心和自信心

《周易大传》中的两句名言——"天行健，君子以自强不息；地势坤，君子以厚德载物"恰到好处地反映了中国的民族精神。另外，"天下为公，世界大同"的理想精神等，都反映了我们民族刚毅、奋进的人生态度。

（三）有利于消除不规范的市场经济带来的负面效应

市场经济的发展，让很多人变得功利和现实，他们为了钱不惜牺牲别人的利益，做人做事没有底线，互联网上对此的宣传存在模糊、误导等倾向，这些对当代大学生的影响不容忽略。很多大学生"先利后义""见利忘义"，这种情况之下，教师需要清醒地认知现实，结合学生的思想实际，进行正确启发和引导。

三、对大学生进行中华优秀传统文化教育的方式

今天，很多高校依然只关注专业基础知识、技能的传授，忽视人文精神的培育，一些理工科大学甚至把自然科学和社会科学分割，这样就导致很多理工科学生缺乏文化底蕴，对中国传统了解甚少，综合素质较低。很多大学生因为对民族文化的漠视，所以在国家观念、民族情感、集体意识、审美情趣等方面变得麻木冷漠，传统文化意识淡薄，整体素质不断下降。

（一）普遍开设中华优秀传统文化教育通识课程

近年来，经济、法律等专业很热门，而文史哲等学科备受冷落。国家文化发展规划纲要中明确提出，高校需要加强传统文化教学与研究，开设中国语文课。因此，高校可以把传统文化作为必修课列入培养方案，为大学生学习中华优秀传统文化提供平台，帮助他们提升知识素养。

（二）多方位发掘学科课程的人文内涵

在学科课程方面，特别是文科相关课程的讲授应该侧重于发掘其中蕴含的文化资源，结合本学科特点把中华优秀传统文化融入其中，做到融会贯通。比如，大学语文课可以和历史、政治等因素相结合，增加优秀传统文化作品的魅力。在自然科学课程中加入历史教育，将科技与传统文化相结合。

（三）转变传统的授课方式

优秀传统文化通识课程的教学不能照本宣科，这样会让学生感到枯燥无味、兴趣平平。教学方式需要推陈出新，用学生喜闻乐见的形式，方便学生理解和接受。比如央视的文化系列讲座形式活泼，备受观众欢迎。

第一，要关注传统经典中的现代因素，从现代视角和新时期的语言环境出发，对传统经典进行明确、合理的调整与阐释。

第二，在考虑学生对历史、文化深度把握的同时，不能居高临下、过于照本宣科，而应该兼顾基础水平，从学生的兴趣爱好出发，用大众的角度，让传统文化教育更加通俗易懂、深入浅出，真正让学生乐于接受。

（四）努力提高教师的中华优秀传统文化素养

今天，很多高校教师的文化素养不高，无法很好地完成传统文化的教学任务，师资队伍建设有待加强。我们可以借助外出交流、举办讲座、资助课题等方法为教师提供深造学习的机会，提高他们的传统文化素养，发掘学科带头人，培养青年学术骨干。

（五）重视中华优秀传统文化教材建设

相关教材普遍存在"大而空"的缺点，与实际脱节、枯燥乏味，无法吸引学生，无法激发他们的热情。

在今后的日子里，我们有必要对现有的教材进行相关的深入分析和综合研究，"以实为主，以作品印证问题"，提高编写水平，规范文字编写，尽快出品深受师生喜爱的大学教材。

（六）营造校园文化氛围

通过耳濡目染的方式，在学校营造一种浓厚的文化氛围，是提高大学生传统文化素养的切实可行且非常有效的方法。比如，举办一些古代诗词朗诵、古诗词写作活动，邀请专家学者来点评或者开设讲座。学校团委还可以利用传统节日组织各种民族活动，突出节日主题，彰显民族风俗和特点，潜移默化地影响学生，让学生受到熏陶和教育。

综上所述，中华优秀传统文化凝聚了一代代中国人的经验与智慧，学习优秀传统文化对于提高大学生的素质和底蕴、完善人格具有重要意义。

第四节　中华优秀传统文化引领大学生素质教育实践路径

我们的生活无法脱离传统文化，因此学习、了解、理解优秀传统文化具有积极作用和现实意义。

一、课程教育实践

中华优秀传统文化有自己特定的形态和绚烂多彩的特质，是高校精神文明建设和人文素养教育的重要组成部分。

（一）课程文化的实质

课程文化的实质决定着它的性质和特征，影响着人们对它的理解。

（二）课程文化的属性

人既是文化的创造者，又是文化的产物。人不仅创造了对象的、物质的、制度的和精神的文化，还创造了自身的文化，这种自身的文化就是主体文化。

课程文化制约着课程的制度、体制，也支配着人们的课程行为，还在心理方面以相对独立、稳定的方式促成或阻碍课程意识的形成。

（三）课程文化的特征

课程文化不属于社会文化，它是一种独特的文化。在日常教学实践中探索课程文化的规律，可以更加深刻、透彻地了解它。

1. 社会性

课程文化具有社会性，社会文化中的意识形态、行为准则等因素影响着课程文化的产生和发展。

2. 民族性

不同国家有不同的文化，不同民族有不同的灵魂，这些构成了课程文化的民族特征。

3. 融合性

世界是一个整体，各民族、国家之间相互交流、相互学习，因此课程文化也需要在交流、融合中不断发展。

4. 人本性

人本性是课程文化的本质要求。人是课程文化的第一因素。

5. 系统性

课程文化包括结构、载体、功能等系统，具有系统性。

6. 个性化

每一门课程都具有独特性，因此个性化也是课程文化的特点之一。

7. 自觉性

课程文化离不开自觉的主体意识。

8. 实践性

课程文化是在长期的实践中总结出来的，是人们实践智慧的结晶。

9. 传承性

课程文化需要延续和发展，一些久远的知识一直发挥着作用。

10. 创新性

课程文化需要不断开拓创新，取长补短、与时俱进，适应时代的发展要求。

二、校园文化实践

何为校园文化呢？校园文化是一种生存环境和校园精神，是社会文化的亚文化，是先进文化的组成部分，我们通过校园文化实现思想政治教育。

（一）校园文化的内涵

校园文化包括校园物质、精神财富，以社会文化为基础，依托学校、教师、学生，共同建设领导作风、学风、校风等内容。校园文化对一个学校的发展具有重要意义，为学校发展指明了方向，体现了学校的发展程度和水平。一般来说，校园文化有以下特征：

第一，主导性与多元化相结合。如何理解校园文化的主导性？校园文化在指导学生树立正确的"三观"、培养合格建设者和接班人方面是发挥主导作用的。如何理解校园文化的多元性？不同学校在长期发展中沉淀、积累的价值观念和文化影响是不同的。

第二，科学性与思想性相结合。校园文化本身充满知识和智慧，它可以增强学校的科学性。当校园文化提升到精神境界，人们就会把校园文化铭刻在心中，影响人们的思维。

第三，独立性与开放性相结合。校园文化与社会其他文化不同，它是一个独立的体系。同时，校园文化具有时代性，受到环境的影响。

（二）校园文化与素质教育的关系

高校素质教育的目标是培养学生树立崇高的理想信念、正确的政治方向、高尚的道德品质，建立正确的世界观、人生观、价值观，在今后的学习、生活、工作的道路上，更好地前进发展。

素质教育的载体是校园文化。市场经济带来一些负面影响，比如，有些人的诚信意识、道德品质、精神追求出现或多或少的扭曲，大学生面对这些问题产生困惑和迷茫，因此，建立正确的教育理念非常重要。

社会的发展带来文化的多样性，为了给大学生的思想指明方向，我们应该把素质教育融入校园文化，将校园文化学习与思想政治学习相结合，让素质教育与校园文化相辅相成。

（三）校园文化的素质教育功能

1.价值导向功能

校园文化反映了学校的办学理念、办学特色，是师生之间的共同价值观，体现了独特的价值指向。校园文化精神影响着学生学习、生活的点点滴滴，是一种价值导向。良好的校园文化可以帮助学生将思想与主流意识形态教育相统一，这是一种有力的价值导向，更具有实效性。

2. 意志激励功能

积极向上的校园文化可以激励人、鼓舞人，增强学生的自信心和自豪感，让他们更加主动地学习。丰富多彩的校园环境可以培养健康向上的校园文化。

3. 精神凝聚功能

具有相同价值观的人们容易聚在一起，互相交流和学习。校园精神可以凝聚、影响、带领学生，帮助师生实现共同目标。人们在互相关心、互相尊重、团结上进的环境中，会增强归属感和凝聚力。

4. 人格塑造功能

大学生的人格成长需要良好的校园文化。积极的校园环境能够帮助大学生培养健康的审美、良好的心态、较高的人格魅力。

5. 行为约束功能

校园文化是一种管理文化，具有行为约束作用，指导人们共同遵守规则，抑制错误观念，养成正确习惯。校园文化具有包容性的同时也具有排斥性。

（四）校园文化加强素质教育实效性的建议和意见

1. 加强校园物质环境的文化建设

学校的教学设备、住宿设施、生活设施等硬性条件被称为物质环境，对学生内在性格和品质的形成有很大的作用。校园物质环境的文化建设有利于学生成长成才、促进思想政治教育取得较好的成绩。

2. 突出校园精神文化建设

培养学生的自主意识、精神品位需要校园精神文化，我们可以以学校的历史为起点，塑造精神文化底蕴，增加全校师生的凝聚力。校园精神文化建设在提高学生综合素质、推进教育改革的发展方面具有非常重要的意义。

3. 发挥校园课余文化活动的作用

丰富多彩的校园活动有利于培养学生稳定的心态和广泛的爱好。校园课余文化活动，比如参观教育基地、举办竞赛比赛等，可以让大学生接触一些正能量的因素，使其认同主流意识形态，加深对传统文化的理解。

4. 重视校园寝室文化的建设

大学生对寝室关系的认识和处理直接影响到他们的学习和生活质量，通过寝室同学，他们学会为人处世，懂得如何包容和共享。辅导员老师应该经常深入学生寝室，了解学生生活情况，和他们多谈心、多交流，倾听他们的心声，帮助他们健康成长。寝室文化建设能够营造互相帮助、共同进步的良好环境。

三、社会实践

（一）加强校内文化体系建设，拓宽大学生传统文化知识面

提升大学生的文化素质，首先需要解决课程体系建设问题。当前，不少课程设置目标不明确，结构松散，内容随意，呈现混乱的状态。

在教学安排方面，传统文化课程的教学目标应该明确，教学内容应该丰富，结合本校特色，给学生推荐经典著作。以必修课为基础，以选修课为补充。

其次，要精心设计教育内容。中国古代文化典籍内容丰富、浩瀚如海，在选取中应根据学生成长和发展的具体需求，精选与时代主题密切结

合的内容，侧重培养学生的人格。

再次，完善传统文化素质教育教材建设。在优秀传统文化课程相关课内教材的设计和编写方面，建议组织优秀的专家学者和有经验的优秀教师，多角度、多层次进行，让教材的内容更加丰富、合理。

最后，要设计灵活多样的教育形式。教育不应该以说教为主，应该注重内容、忽略形式，让学生愿意学习、主动接纳、学以致用，达到完善人格的目的。在课程考核方面，我们需要创新考核方式，突出具体实践。

（二）加强社会实践教育，提升大学生的中华优秀传统文化素质

1. 社会实践教育是大学生中华优秀传统文化素质教育的重要环节

大学阶段是一个人人格塑造、求知增智的黄金阶段，多彩的社会实践活动能够帮助大学生把理论知识应用到实际中来，也能帮助他们加深对传统文化的理解。

一方面，通过各种社会实践教育，大学生可以逐渐接受传统文化体现出来的伦理道德和价值导向，内化理想信念和道德信仰。另一方面，社会实践教育可以激发学生的主观能动性，有助于他们发挥创新能力、运用所学知识。

2. 大学生社会实践教育的主要形式

大学生社会实践教育包括校内社会实践教育和校外社会实践教育两种。校内社会实践教育包括主题教育、社团活动、专业实践等；校外社会实践教育包括生产劳动、志愿服务、社会调查等。

（1）校内社会实践教育

专业实践教育在专业课程理论学习过程中或者之后，与课程相关。大学生应该积极揭示事物本质，提高自身的实践和创新能力。

文明修身主题教育主要通过校园橱窗、网络、广播等途径，组织开展一系列教育活动。

文化艺术节为学生提供锻炼自己、展现自己的机会，演出和展览活动可以让大学生感受文化魅力，树立正确的三观。

其中，大学生读书节近几年很流行，北大、清华、人大、北师大、北理工等十八所高校先后举办了这个节日，大学生读书节评价很高，借此弘扬经典、享受阅读、养德励志，反响很好。

在大学里，一些兴趣爱好相同或相近的大学生自愿组成一些非正式组织，叫作大学生社团。社团活动多样，既涉及文学、音乐、美术、艺术等方面，又涉及学术问题、社会问题等方面。北京大学的服饰文化交流协会、济南大学的陶艺协会等都是以中华优秀传统文化为主题的成功社团。

大学生可以通过撰写实践报告、进行实践项目设计、模拟企业运行、参加企业活动等开展一系列创新创业实践教育活动。

（2）校外社会实践教育

生产劳动是对大学生进行传统文化教育，实现高等教育培养目标的途径。当代大学生大部分都是独生子女，从小很少吃苦，不愿意劳动，缺乏对他人和社会劳动成果的正确认识。志愿服务主要包括大型志愿者服务活动，青年志愿者社区发展计划，公益宣传志愿者服务和文化、科技、卫生"三下乡"志愿者服务。大学生需要积极参加志愿服务活动，运用所学知识服务人民，多接触社会，为社会服务，弘扬传统美德，为社会的进步和发展做出应有的贡献。

在生产实习中，大学生可以更好地了解企业，通过协助生产、管理等将所学专业知识应用在社会实践中。大学生在生产实习过程中，要努力做好本职工作，提高技能，处理好人际关系。

校外勤工助学可以帮助学生获得一些收入，补贴日常生活，增加自立意识。

大学生运用所学知识，在社会实践中尝试解决问题，有利于他们更好地了解社会、锻炼能力。在调查研究中，学生需要认真收集资料，结合理论知识回答问题，不断提高自身的实践能力和研究能力。

（3）弘扬中华民族优秀传统节日文化

传统节日是民族情感、文化的集中展现，是一个国家或民族历史文化的结晶。我国传统节日历史悠久、形式多种多样，形成了中华民族特有的传统节日文化。

中国传统文化寄托着人们对美好生活的向往，蕴含着社会的道德判断和价值取向，承载着民族的思想精华，是民族团结、社会和谐的精神力量。当今时代，各种思想文化相互激荡，一些不良风气对大学生影响较大，利用民族传统节日文化对大学生进行教育，可以丰富教育内容，创新教育载体，扩宽教育途径，增强学生的文化自信，提升大学生的综合素质。

首先，加强传统节日文化知识学习，深刻理解传统节日文化内涵。

中国传统节日文化发源于农业社会，有浓厚的农业色彩，底蕴丰富。作为传统节日文化的传承者和创造者，大学生应该认真学习相关知识，深刻领会其中的价值取向、精神追求和道德理想，坚定自信，树立远大理想。

其次，正确认识传统节日文化，推动传统节日文化创新发展。

依据文化结构理论来看，传统节日有表层、中层、深层三个层面。表层文化涵盖服饰、器皿、装饰物、食品、对联等物质形式。

中层文化包括礼仪习俗、行为规范和禁忌等。

深层文化属于传统节日文化的核心。今天，很多中国人只懂得吃什么、穿什么、用什么等，传承传统节日文化也只是简单地模仿和复原，不理解其内在的精神。这些认识都是肤浅的。大学生肩负传承和弘扬优秀传统文化的历史使命，他们需要深刻领悟传统文化的内涵和价值，通过创新展现出创造力。健康发展的传统节日可以弘扬优秀的道德情怀和规范。

再次，利用传统节日，提高大学生的中华优秀传统文化素质。

传统节日有助于展现优秀传统文化、弘扬和培育民族精神、联结民族情感、增强民族认同感。节日文化中有很多关于热爱祖国、民族、家乡的内容，具有弘扬爱国精神的功能。

最后，正确认识西方文化，理性对待"洋节"。

随着我国改革开放的深入发展，中西方文化的频繁交流给传统文化带来很大冲击，对我国的传统节日文化、人们的生活方式也产生深远影响。同时，我国部分优秀传统节日文化尚未被很好保护，人们对传统节日缺乏兴趣，西方节日却得到了很多年轻人的青睐。

大学生学习西方历史与文化可以增长知识、开拓视野。但在学习和交流中，应主动吸收积极的因素，不能全盘照搬。

中国传统节日凝结着深厚的民族情感，承载着民族思想的精华，需要薪火相传，不断发展。大学生应该坚持主体意识，大力弘扬传统节日文化，结合中国实际，创新形式，丰富内涵，满足精神需求。

四、网络媒体实践

网络文化为当今社会提供了一个崭新的天地，充分认识它的社会影响力，积极合理利用好网络，有利于社会的和谐稳定，以及人们思想教育的提升。

（一）网络文化的概述

互联网的出现对人们的学习、工作、生产、生活等产生了非常大的影响，它的功能和魅力影响着社会的方方面面。

1.网络文化的含义

网络文化是人们在社会实践过程中以网络技术为主体、信息技术资源为支点所创造出来的物质财富和精神财富的总和。网络文化能够影响人们的行为习惯。从物质层面来说，计算机、设备、信息技术等是网络文化的第一个层次。从精神层面来说，网络情感、意识、素养等属于第二个层次。从制度层面来说，网络道德、规范等属于第三个层次。

2. 网络文化的特征

（1）虚拟性

网络文化不存在于现实生活中，只存在于网络生活中。它的虚拟性在一定程度上也具有客观真实意义。

（2）自由性

在网络平台，人们不用考虑学历、收入、位置等因素，可以随时进行沟通，这个空间是相对自由的。但是这种自由应是在法律和道德允许的范围内。

（3）动态性

网络信息的传递和更新很快，人们可以随时随地看到最新的国内外新闻，信息几乎可以瞬间到达世界各个角落，因此网络文化具有鲜明的动态性。

（4）开放性

互联网是开放的，任何人都可以上网，都可以发表自己的言论，这种开放性方便人们的沟通和交流，多元的网络文化也需要一定的监督和引导。

（二）网络文化背景下的素质教育

网络是一把"双刃剑"，在为人们提供沟通便利的同时，也潜移默化地带来一些负面影响，挑战着人们的价值观和道德底线等。网络文化教育的开展势在必行。

1. 网络文化给素质教育营造了新契机

（1）网络文化促使素质教育内容和手段呈现多样化发展

高校教师可以通过网络来获得资源，学习一些素质教育的相关知识，提升自己，丰富素质教育的方式方法。

（2）网络文化促使素质教育传统模式发生新转变

网络可以提供丰富的资源和教学方法，调动人们的积极性，高校教师需要充分利用网络的特点，改变传统教育模式，提高教育成效。

（3）网络文化促使素质教育突破了时空局限性

网络打破了原有时间、空间上的局限性，让教育场所更加立体、多样，在原有素质教育的基础上，人们可以拓宽眼界，利用网络提升教育效果。

（4）网络文化促进素质教育主客体素质的提升

网络文化的丰富拓宽了人们的思维，增添很多主体和客体的学习内容，人们在独立意识、获得信息、处理信息方面越来越有能力。素质教育工作者遵规守纪，培养网络道德，这些都有利于素质的提升。

2. 网络文化为素质教育带来了新挑战

（1）网络文化内容的多元性干扰着社会主义核心价值体系指导作用的发挥

多元的网络文化对核心价值体系的主导地位有一定冲击，人们面对复杂、多元的网络信息，常常出现迷茫和困惑，不知道到底哪些是正确的。我们需要有意识地抵制网络文化的负面影响。

（2）网络文化的发展导致人际关系淡化，人们的交往能力下降

网络的出现极大地缩短了人与人之间的距离，让人们在任何时间和地点都可以实现沟通和交流，但是，人们在交往过程中面对的是机器，而不是人，通过网络进行交流与面对面地交流差别很大。长此以往，人们的实际交往能力容易下降，不懂得如何在现实生活中与人沟通，进而影响到社会进步和人类的心理健康。

（3）网络文化的发展导致人们道德观念淡薄、道德人格缺失

当前，对网络行为的约束和规定不够完善，相关的法律还不够规范，人们在网上的道德感相对较低，虽然存在一部分高素质的人，但是网络中

的"黄""毒""假"等腐朽现象必然会给人们带来负面影响。

（4）网络文化的发展导致人们人生观、世界观和价值观的冲突

随着互联网的发展、不同文化的碰撞与交融，竞争与对抗更加明显，人们容易被新鲜事物所吸引，不同的观点和表达容易让人迷惑，新问题层出不穷，这些不稳定性也让舆论导向变得让人捉摸不透。人们如果不能理性思考，那么面对多元价值就会出现迷茫，产生价值观的冲突。

3. 加强网络文化中的素质教育机制建设

如何充分发挥网络文化的正面作用是素质教育机制建设需要解决的问题。高校教育管理工作者必须与时俱进，在新时代背景下做出新决策。

（1）加强马克思主义理论教育，发挥社会主义核心价值体系在素质教育机制建设中的导向作用

社会主义核心价值体系可以为网络文化指明方向，构建素质教育机制需要发挥核心价值观的作用，让它渗透到网络文化里，打造优秀的教育平台，提升网络文化的质量。

（2）坚持以人为本，积极构建网络素质教育与心理健康教育相结合的教育模式

网络为心理健康教育和素质教育提供了更加广阔的空间，可以帮助我们及时掌握人们的思想情况，同时将两种教育融合在一起。网上有丰富的资源，拓展人们的能力，帮助人们建立稳定、和谐的人际关系。

（3）加强网络道德教育和网络管理的法制化，引导大学生培养健康的网络道德观念，树立正确的人生观、世界观和价值观

预防和解决网络文化给思政教育带来的负面影响，就需要完善道德素质，提升道德水平。正确引导大学生的思想教育、网络道德教育可以帮助他们树立正确的"三观"，在深刻理解网络优缺点的基础上客观地看待它。大学生只有健全了法律、道德观念和意识，才能遵规守纪，自觉抵制消极因素。

（4）建设一支精通网络文化的专业网络素质教育队伍

作为一种特殊的交往活动，教育中的教育人员和受教育人员之间是平等的，教育者只有不断提高网络文化水平，才能与被教育者平等对话，所以，培养一支懂网络、懂教育的队伍非常重要。

参考文献

著作类

［1］崔国富.大学生职业素质构成与综合培养研究［M］.北京：光明日报出版社，2010.

［2］方宏建，郭春晓.大学生思想政治教育学［M］.北京：人民出版社，2014.

［3］房广顺.社会主义核心价值观与中华传统文化［M］.北京：人民出版社，2015.

［4］房广顺.社会主义核心价值观与中华优秀传统文化［M］.北京：人民出版社，2016.

［5］葛金平.中国古典诗歌与人格修养研究［M］.湘潭：湘潭大学出版社，2012.

［6］顾友仁.中国传统文化与思想政治教育的创新［M］.合肥：安徽大学出版社，2011.

［7］贺文佳，李绍先.中华优秀传统文化与社会主义核心价值观简明读本［M］.成都：四川大学出版社，2015.

［8］居云飞.兴国之魂：社会主义核心价值观与中华传统文化［M］.北京：中国社会科学出版社，2016.

［9］李程.传统文化精神与大学生思政教育［M］.北京：光明日报出版社，2013.

［10］李世宇.中国法律思想史［M］.北京：中国民主法制出版社，2006.

［11］梁启超.梁启超全集（第1—2册）［M］.北京：北京出版社，1999.

［12］林晓峰等.大学生思想政治教育理论与实践［M］.中国文史出版社，2015.

［13］刘道玉.创造教育新论［M］.武汉：武汉大学出版社，2003.

［14］刘新科.中国传统文化与教育［M］.长春：东北师范大学出版社，2012.

［15］刘云生.心根课堂：让教育随学生心灵起舞［M］.重庆：西南师范大学出版社，2012.

［16］柳诒徵.中国文化史［M］.上海：上海古籍出版社，2001.

［17］任者春，郭玉锋.齐鲁文化与社会主义核心价值体系研究［M］.济南：山东人民出版社，2014.

［18］孙宝山.中国近现代哲学思潮及思想［M］.北京：中国财富出版社，2014.

［19］孙正林.当代大学生主题教育研究［M］.北京：人民出版社，2014.

［20］王庆五.社会主义核心价值观研究丛书·平等篇［M］.南京：江苏人民出版社，2015.

［21］王淑芹.大学生诚信伦理研究［M］.北京：人民出版社，2012.

［22］吴小英.大学人文素质教育新论［M］.杭州：浙江大学出版社，2012.

［23］习近平.《习近平谈治国理政》第1卷［M］.北京：外文出版社，2014.

［24］习近平.《习近平谈治国理政》第2卷［M］.北京：外文出版社，2017.

［25］谢军.高职学生道德素质教育培养模式［M］.广州：世界图书出版广东有限公司，2012.

［26］谢守成，王长华.国际化视野下大学生思想政治教育创新发展研究［M］.北京：人民出版社，2014.

［27］徐永春.中国传统文化与思想政治教育［M］.北京：光明日报出版社，2016.

［28］徐涌金.大学生素质教育教程［M］.北京：中国标准出版社，2008.

［29］叶大兵等.中国风俗辞典［M］.上海：上海辞书出版社，1990.

［30］于淑秀等.大学通识教育研究［M］.北京：九州出版社，2014.

［31］张立新.传统文化与现代化［M］.北京：中国人民大学出版社，2013.

［32］郑珠仙.国家意识形态安全与大学生社会主义核心价值观教育研究［M］.北京：人民出版社，2014.

［33］解放军出版社重印.中国共产党第十八次全国代表大会文件汇编［M］.北京：人民出版社，2012.

［34］朱寰.世界中古史［M］.长春：吉林文史出版社，1981.

期刊类

［1］卜宪群，杨艳秋，高希中.一个民族的历史是一个民族安身立命的基础——兼评历史虚无主义［J］.晚霞，2014（8）.

［2］曾长秋.礼教：中国传统德育的重要内容和有效载体［J］.中国德育，2011（2）.

［3］陈延斌，公正观.社会主义核心价值观体系建设的着力点［J］.马克思主义与现实，2013（3）.

［4］陈泽环，马天元.社会主义核心价值观与中华优秀传统文化［J］.毛泽东邓小平理论研究，2017（7）.

［5］戴木才，黄土安.论富强民主文明和谐［J］.马克思主义研究，2010（5）.

［6］丁若沙，黄振期.文化自信视域下大学生社会主义核心价值观的培育与践行［J］.延安大学学报（社会科学版），2017（39）.

［7］杜芳，陈金龙.中华优秀传统文化与社会主义核心价值观的涵养［J］.中国高等教育，2014（23）.

［8］段妍.社会主义核心价值观中"公正"真谛及其实现路径［J］.思想理论教育导刊，2016（4）.

［9］段妍.社会主义核心价值观中的自由真谛及其实现路径［J］.理论探讨，2016（2）.

［10］樊浩.应对"全球化"的价值理念及其道德教育难题［J］.教育研究，2000（5）.

［11］范沁河.试论中国特色社会主义进入新时代的标志［J］.焦作师范高等专科学校学报，2018（34）.

［12］方光华.国学与文化自觉［J］.浙江社会科学，2012（12）.

［13］房广顺，隗金成.社会主义核心价值观与中华传统文化的契合性［J］.马克思主义研究，2015（10）.

［14］付云雷.论中国优秀传统文化现代转化的路径选择［J］.吉林省教育学院学报，2010（26）.

［15］宫国军，罗力莎.浅析新时期大学生政治信仰的现状及成因［J］.企业导报，2016（13）.

［16］顾萍，袁久红.以中华优秀传统文化涵养社会主义核心价值观的前提与路径思考［J］.思想理论教育导刊，2015（10）.

［17］关健英.旧邦新命与文化传统——兼论中国传统文化创造性转化与创新性发展［J］.苏州大学学报（哲学社会科学版），2015（6）.

［18］韩兵.社会主义核心价值观内容解读之民主［J］.思想政治教育研究，2014（5）.

［19］韩云忠，王丕琢.礼乐文化精神与社会主义核心价值观［J］.理论月刊，2013（8）.

［20］韩震.论作为社会主义核心价值观的和谐［J］.高校理论战线，2012（4）.

［21］何煦.论当代大学生社会主义核心价值观教育［J］.黑龙江高教研究，2007（11）.

［22］贺昌盛."国学"的知识论取向兼与杨春时先生商榷［J］.东南学术，2010（2）.

［23］胡凤飞，陈燕秋.传统文化法治思想与社会主义核心价值观法治的关联探析［J］.黑龙江高教研究，2015（10）.

［24］贾英健.论作为社会主义核心价值观的平等［J］.北京师范大学学报（社会科学版），2015（3）.

［25］焦连志，黄一玲.以中华优秀传统文化涵养大学生社会主义核心价值观［J］.教育探索，2015（11）.

［26］金民卿.诚信在社会主义核心价值观建构中的意义［J］.前线，2014（11）.

［27］金英姬.当代大学生政治信仰的现状与对策研究［J］.新西部，2018（6）.

［28］黎友.中华优秀传统文化是涵养社会主义核心价值观的源泉［J］.学术论坛，2014（11）.

［29］李春山，何京泽.中华优秀传统文化涵养社会主义核心价值观的现实困境与多维路径研究［J］.思想教育研究，2016（1）.

［30］李春山，何京泽.中华优秀传统文化涵育社会主义核心价值观的时代意蕴与对策探析［J］.思想教育研究，2015（7）.

［31］李慧敏.中华优秀传统文化：社会主义核心价值观培育的基本立足点［J］.毛泽东思想研究，2016（5）.

［32］李建华.文化传承：当代中国高等教育的功能创新［J］.现代大学教育，2012（6）.

［33］李楠，王磊.深入解读社会主义核心价值观——友善价值观的传统价值和现代意涵［J］.学术论坛，2015（2）.

［34］李荣启.弘扬中华传统文化与建设社会主义核心价值观［J］.中国文化研

究，2014 年秋之卷。.

［35］李霞.习近平新时代中国特色社会主义文化思想研究［J］.山东社会科学，2018（2）.

［36］李莹.加强新时代高校文化自信教育的思考［J］.思想理论教育，2018（5）.

［37］李宗桂.试论中国优秀传统文化的内涵［J］.学术研究，2013（11）.

［38］刘芳.中华优秀传统文化：社会主义核心价值观的精神滋养［J］.思想理论教育，2015（1）.

［39］刘芳.中华优秀传统文化：社会主义核心价值观的精神滋养［J］.思想理论教育，2015（1）.

［40］陆岩.文化传承创新与思想政治教育的创新发展［J］.思想政治教育研究，2012（02）.

［41］马金祥.中华优秀传统文化与社会主义核心价值观内在逻辑管窥［J］.思想教育研究，2016（7）.

［42］梅荣政.对社会主义民主核心价值观的两点探求［J］.南京政治学院学报，2015（1）.

［43］孟宪生.社会主义核心价值观中和谐的内涵及建设［J］.思想理论教育导刊，2015（7）.

［44］强卫.激活红色基因　焕发生机活力——学习贯彻习近平总书记系列重要讲话精神［J］.求是，2014（18）.

［45］沈壮海.爱国、敬业、诚信、友善：公民的价值准则［J］.湖北社会科学，2014（10）.

［46］宋乃庆等.中华优秀传统文化与社会主义核心价值观的培育和践行［J］.思想理论教育导刊，2015（4）.

［47］陶悦.社会主义核心价值观之诚信的传统文化根源［J］.学术交流，2015（12）.

［48］田海舰.以"滴灌模式"培育核心价值体系［J］.思想政治工作研究，2010（10）.

［49］田永静，颜吾佴.以红色精神教育坚定大学生的理想信念［J］.思想理论教育导刊，2016（2）.

［50］王凌宇等.中华优秀传统文化涵养大学生社会主义核心价值观的路径研究［J］.思想教育研究，2017（4）.

［51］王清玲，程美东.论社会主义核心价值观与中华优秀传统文化的内在关系［J］.学校党建与思想教育，2016（11）.

［52］王瑞，王丽文.以"滴灌式"模式推进社会主义核心价值观教育［J］.思想理论教育导刊，2014（9）.

［53］王文建.儒家礼乐文化与社会主义核心价值体系建构［J］.社会科学家，2013（5）.

［54］王熙等.从国学之"国"看国学教育的当代价值［J］.北京师范大学学（社会科学版），2014（4）.

［55］王学典.近20年间中国大陆史学的几种主要趋势［J］.山东社会科学，2002（1）.

［56］王泽应.论承继中华优秀传统文化与践行社会主义核心价值观［J］.伦理学研究，2015（1）.

［57］王志贤.博物馆文化是串接传统文化与现代文化的时空隧道［J］.中国博物馆，2016（4）.

［58］王子今.国学与"立人"教育［J］.社会科学，2008（7）.

［59］魏强.以传统文化推动大学生社会主义核心价值观教育的探究［J］.高教论坛，2015（5）.

［60］习近平.决胜全面建成小康社会夺取新时代中国特色社会主义伟大胜利——在中国共产党第十九次全国代表大会上的报告［J］.党建研究，2017（11）.

［61］习近平.在庆祝"五一"国际劳动节暨表彰全国劳动模范和先进工作者大会上的讲话［J］.中国工运，2015（5）.

［62］肖贵清.中华优秀传统文化与社会主义核心价值观的内在联系［J］.南京师大学报（社会科学版），2015（6）.

［63］肖林.论公正——社会主义核心价值观系列谈（七）［J］.前线，2016(1）.

［64］解松，夏宁.社会思潮与国家意识形态安全［J］.理论探索，2008（05）.

［65］徐卫东.论国学教育与社会主义核心价值观教育［J］.教育评论，2015（3）.

［66］杨坤道.国学经典的教育价值与阐释尺度［J］.高等教育研究，2013（3）.

［67］杨绍琼.中华优秀传统文化涵养大学生核心价值观的现实路径［J］.教育探索，2016（7）.

［68］杨晓蕾.中华优秀传统文化浸润下的大学生社会主义核心价值观教育［J］.教育教学论坛，2016（35）.

［69］杨修洁．浅析中国特色社会主义新时代的新内涵、新意义和新使命［J］. 纳税，2018（8）.

［70］杨业华等．社会主义核心价值观之敬业探析［J］.思想理论教育导刊，2015（10）.

［71］于亭．当代中国高等"国学"教育建设之省思［J］.华南师范大学学报（社会科学版），2012（3）.

［72］袁海萍，沈晖．大学生信仰现状及教育对策初探［J］.科教文汇（下旬刊），2018（1）.

［73］阅钢．对社会主义核心价值观传承中华优秀传统文化的思考［J］.党政研究，2014（5）.

［74］张岱年．中国文化优秀传统的生命力［J］.中国文化研究，1993（1）.

［75］张加明．高校国学教育的路径探讨［J］.高教探索，2012（3）.

［76］张鹏字．弘扬中华优秀传统文化培育社会主义核心价值观［J］.人民论坛，2016（5）.

［77］张秋山，金天星．基于文化传播范式的"滴灌式"思想教育研究［J］.前沿，2011（18）.

［78］郑流云．试论社会主义核心价值观中的平等理念［J］.学术论坛，2016（10）.

［79］仲伟通．中华优秀传统文化与社会主义核心价值观的内在契合［J］.中国石油大学学报（社会科学版），2016（3）.

［80］朱仁宝．中华优秀传统文化对培育和践行社会主义核心价值观的启迪［J］.中国德育，2015（1）